Michelle Thaler

Sugar Stories

Inhaltsverzeichnis

Cherry Berry Stories

Chocolate Stories

Summer Stories

Sunday Stories

Das Auge nascht mit!

Du bist schon lange auf der Suche nach kreativen Rezepten und aufregenden Geschmackskombinationen fernab von klassischen Muffins und Torten? Dann gratuliere ich dir – denn deine Suche hat jetzt ein Ende! Lass dich von über 60 abwechslungsreichen, süßen Kreationen begeistern – mit extra viel Schokolade, fruchtig-frisch, total bunt und verrückt, für heiße Sommertage oder den Kaffeeklatsch mit Familie und Freunden.

Die Sugar Stories sind jedoch nicht nur etwas für deine Geschmacksnerven, sondern auch fürs Auge – denn das nascht schließlich mit! Deswegen ist dieses Buch nicht nur eine kreative Rezeptsammlung für alle experimentierfreudigen Schneebesenschwinger, sondern gleichzeitig auch ein buntes Fotoalbum für alle Naschkatzen und -kater, die sich lieber verwöhnen lassen, anstatt selbst in der Küche zu stehen.

Ich wünsche dir einen Wahnsinnsspaß beim Entdecken und Genießen!

Deine Michelle

Die Story hinter den Sugar Stories

oder: Frequently Asked Questions

„Wie bist du zum Backen gekommen?"

Nach meinem Abitur startete ich eine Ausbildung zur Köchin in einem guten Restaurant. Auch wenn ich nach einem halben Jahr aufgrund der Arbeitszeiten den Kochlöffel abgegeben habe – meine Begeisterung für die Patisserie und Tellerdekorationen ist geblieben. Zu meinem 20. Geburtstag backte ich dann erstmals Cupcakes. Vor allem durch den guten Zuspruch von Familie und Freunden stand ich dann immer öfter am Backofen. Im Grunde habe ich mir das Backen also selbst beigebracht, ich bin keine gelernte Bäckerin oder Profi-Konditorin, deswegen gebe ich auch keine Backkurse, obwohl schon sehr viele Leute danach gefragt haben. Auch mit diesem Buch will ich vor allem dazu animieren, einfach auch mal kreativ zu sein und was Neues auszuprobieren.

„Wie kommst du auf die Rezeptideen?"

Erst backte ich vor allem Rezepte aus dem Internet nach – wobei man nicht viel falsch machen kann, wenn man die Schritte und Mengenangaben genau befolgt. Irgendwann verstand ich, welche Zutaten unabdingbar sind und bei welchen man variieren darf. Meine ersten eigenen Rezeptkreationen waren geboren! Es fasziniert mich immer wieder aufs Neue, wie kreativ man beim Backen einzelne Zutaten miteinander kombinieren kann. Die Inspiration dafür entsteht meistens direkt beim Einkaufen, sobald ich bestimmte Produkte entdecke. Manchmal auch, wenn ich Blumen auf dem Markt kaufe – dann überlege ich gleich, welche Farbe meine Cupcakes haben könnten, damit sie am Ende auf dem Foto mit den Blumen harmonieren. Und sogar daraus ergibt sich dann manchmal auch gleich eine Idee für eine neue Geschmackskombination.

„Wie kam es dann zum Blog?"

Schon vor den Sugar Stories machte ich oft Fotos von hübsch angerichtetem Essen und präsentierte sie meinen Facebook-Freunden, die mich dann immer öfter nach den Rezepten fragten. Ich interessierte mich schließlich auch immer mehr für Backblogs und die Foodfotografie. Da kam mir der Gedanke, dass ich aus meinen Backwerken auch mehr rausholen könnte, als sie immer nur mit der Handykamera zu fotografieren. Als ich dann meine Ausbildung zur Mediendesignerin startete, konnte ich das Gelernte in die Tat umsetzen und erstellte meinen eigenen Blog, mit dem ich im April 2013 online ging.

„Was ist dein Erfolgsrezept?"

Ich hätte nie gedacht, dass mein Blog auch Menschen außerhalb meines Bekanntenkreises erreichen und begeistern würde. Vielleicht habe ich einfach genau den richtigen Zeitpunkt mit der Veröffentlichung erwischt. Cupcakes waren noch nicht so in aller Munde wie heute, und auch Blogs sprießten noch nicht wie Unkraut aus

aus der unansehnlichsten Torte noch einen schönen Augenschmaus zaubern. Ich bin dagegen absolut kein Fan von Fondant-Basteleien. Mir liegen der gute Geschmack und ein „natürliches" Design deutlich mehr am Herzen.

„Was machst du sonst noch so?"

Mein Lieblingshobby ist das Reisen – das inspiriert mich, befreit meinen Kopf und auch hier kommt natürlich mein heißgeliebter Fotoapparat zum Einsatz. Zudem lerne ich sehr gern Fremdsprachen – als Nächstes steht Schwedisch an. Außerdem spiele ich seit 18 Jahren Gitarre – jedoch spiele ich momentan leider viel zu selten, denn dafür fehlt mir einfach die Zeit. Aber auch mein eigentlicher Beruf, das Design, ist eines meiner größten Hobbys.

dem Boden. Ich denke aber auch, dass es das „Spezielle" war, das die Leute neugierig gemacht hat. Ebenso harmoniert mein Beruf einfach sehr gut mit den Sugar Stories – denn im Grunde ist ja das alles Design – ob nun Flyer, Websites oder Kuchen. Know-how im Mediendesign ist zwar kein Muss, aber sicher eine sehr gute Grundlage für einen schönen und kreativen Blog.

„Wie oft packt dich das Backfieber?"

In meinen Hochphasen habe ich drei Mal pro Woche gebacken. Inzwischen hat sich das Ganze auf besondere Anlässe beschränkt – dann weiß ich, dass der Kuchen nicht nur fotografiert, sondern auch gegessen wird. Die Geburtstagskinder im Bekanntenkreis können sich stets auf mich verlassen. Und wenn es doch mal keinen bestimmten Anlass gibt, lade ich meine hungrigen Freunde ein. Ich habe einen Freund, auf den ist immer Verlass, wenn ich Kuchenesser brauche. Darum backe ich auch für ihn am liebsten. Danke, Markus!

„Wie sehen deine Zukunftspläne aus?"

Ich möchte in naher Zukunft eine kleine Familie gründen und heiraten. Doch das schließt natürlich nicht aus, dass ich weiterhin gestalte und fotografiere. Und es bleibt bestimmt nicht nur bei Kuchen – auch deftige, pikante Speisen und die Schätze draußen in der Natur habe ich gerne vor der Linse. Auch wenn es vielleicht etwas vermessen klingt: Wenn ich mir etwas wünschen könnte, wäre es vielleicht ein eigenes Magazin. Oder irgendwann Hochzeitsplanerin zu werden – das würde sehr viele meiner Leidenschaften vereinen. Aber erst mal abwarten und Kuchen essen ;-)

„Was ist dein Back-Favorite?"

Cupcakes. Die sind schnell und ohne viel Aufwand fertig. Außerdem sind sie das perfekte Party-Food, da kein Geschirr oder Besteck nötig ist und man sie auch gut im Stehen oder während des Tanzens essen kann. Meine Lieblingszutat sind Beeren. Sie geben den süßen Kreationen nicht nur eine perfekt mit dem Zucker harmonierende Säure, sondern können selbst

Guidelines

Es gibt (fast) keine Regeln – sei kreativ!

Ich schreibe dir selbstverständlich nicht vor, welche Tüllen du verwenden, wie du deine Cupcakes dekorieren, Eis servieren oder Torten garnieren sollst. Natürlich kannst du dich von meinen Dekorationen inspirieren lassen, aber generell gilt: Spätestens wenn's um das Aufhübschen deiner Werke geht, kannst du deiner Kreativität und Fantasie freien Lauf lassen – hier gibt es keine Grenzen. Idealerweise spiegelt die Garnitur natürlich den Inhalt des Desserts wider und mit Blüten setze ich gerne Farbkontraste.

Andere Öfen, andere Sitten

- Alle Backzeiten sind als Richtwerte zu verstehen. Um sicherzugehen, dass der Kuchen fertig ist, am besten eine Stäbchenprobe durchführen: Holz- stäbchen in die Mitte des Kuchens stechen und wieder herausziehen. Klebt noch Teig daran, den Kuchen noch eine Weile backen.
- Alle angegebenen Backtemperaturen beziehen sich auf Ober-/Unterhitze.
- Wenn nicht anders angegeben, die Kuchen auf der mittleren Schiene des Backofens backen.
- Den Backofen während der Backzeit nicht öffnen!

Rechtzeitig planen

Alle Teigzutaten vor dem Mischen unbedingt auf Zimmertemperatur bringen. Eier und Butter also einige Zeit vor der Teigzubereitung aus dem Kühlschrank nehmen. Ausnahme: Für manche Teige habe ich kalte Butter verwendet und es dann entsprechend im Rezept vermerkt.

Backformen

Zum Backen von Muffins nehme ich ein großes 12er-Muffinbackblech. Die Teigmenge reicht entsprechend für 12 Muffins. Für die meisten Torten verwende ich eine 20 cm große Springform. Falls du eine 22 cm oder 18 cm große Form hast, kannst du die auch nehmen, beachte aber dann, dass die Backzeit etwas kürzer bzw. etwas länger ist als angegeben.

Formen vorbereiten

Für Muffins oder Cupcakes Papierförmchen in die Mulden setzen. Andere Formen dünn mit Butter oder Öl ausstreichen oder Backpapier reinlegen.

Wasserbad vorbereiten

Etwas Wasser in einem Topf zum Kochen bringen und darauf eine Metallrührschüssel mit den Zutaten setzen. Die Schüssel muss größer als der Topfdurchmesser sein, damit sie mit dem Wasser nicht in Kontakt kommt und der Schüsselinhalt nur durch den Wasserdampf erwärmt wird.

Schokolade schmelzen

Am besten gelingt das über dem warmen Wasserbad, geht aber auch im kleinen Topf bei sehr schwacher Hitze. In der Mikrowelle lässt sich Schokolade ebenfalls gut schmelzen.

Beeren und Kirschen vorbereiten

Sie sollten im Sieb nur vorsichtig abgebraust werden. Danach erst putzen (beispielsweise bei Erdbeeren die Kelchblätter abzupfen).

Zitronen und andere Zitrusfrüchte

Ich verwende lediglich Bio-Zitronen bzw. unbehandelte Zitrusfrüchte, wenn die Schale zum Aromatisieren oder Garnieren verwendet wird. Die Früchte auf jeden Fall vor dem Abreiben oder Abziehen der Schale heiß abwaschen und abtrocknen.

Cremepulver

Zum Aromatisieren und Stabilisieren von Füllungen und Toppings verwende ich häufig Cremepulver. Das ist ein in kalter Flüssigkeit lösliches Pulver für Dessertcremes (z. B. von Dr. Oetker). Superpraktisch und lecker!

Lebensmittelfarbe

Für Teige, Massen und Cremes eignen sich Pasten bzw. Gel-Farben sehr gut. Für Macarons sollte allerdings Lebensmittelfarbe in Pulverform verwendet werden.

Löffelgenau messen

Bei allen Löffelangaben sind stets gestrichene Löffel gemeint. Vor allem beim Backpulver darauf achten, ansonsten könnten die Küchlein misslingen.

Kuchen + Frosting = Torte

Ein Kuchen wird durch sogenannte Frostings (eine Art Glasur) zur Torte. Ein Frosting besteht in der Regel aus Zucker, Butter, Milch oder Sahne, manchmal auch aus Eiweiß und wird nach Belieben aromatisiert und/oder gefärbt. Frostings können mehr oder weniger dick und cremig sein.

Muffin + Topping = Cupcake

Muffins sind nicht gleich Cupcakes. Ein Muffin wird erst durch das Topping (aus Sahnecreme, Schokomousse, Buttercreme etc.) zum Cupcake gekrönt. Mein Tipp für gleichmäßige Muffins bzw. Cupcakes ohne Sauerei: Den Teig mit einem Eisportionierer in die Förmchen geben.

Hübsche Schoko-Tropfeneffekte auf Torten

Für diesen Effekt sollte die geschmolzene Schokolade nicht zu flüssig sein, daher nach dem Schmelzen ca. 3 Minuten abkühlen lassen. Dann über die erkaltete Torte geben, sodass die Schokolade während des Herunterfließens dekorative Tropfen bildet.

Perfekte Toppings und Frostings

Damit Cremes nicht schmelzen und verlaufen, ist etwas Geduld gefordert, bis Kuchen und Muffins gut abgekühlt sind. Wird eine Creme zu flüssig, solltest du sie für eine Weile kühlen, damit sie wieder etwas fester wird. Nur dann lässt sie sich schön auf die Muffins spritzen bzw. den Kuchen streichen. Wird eine Creme zu fest, erwärme sie kurz in der Mikrowelle oder mische noch etwas Sahne unter.

Meine Cupcakes und Torten sind gekühlt etwa 2 Tage haltbar.

Schwierigkeitsgrade

- ◉◉◉◉◉ FAST SCHON ZU EASY
- ◉◉◉◉◉ EASY
- ◉◉◉◉◉ NORMAL
- ◉◉◉◉◉ EHER SCHWIERIG
- ◉◉◉◉◉ NUR FÜR FREAKS

Zeitaufwand (inkl. Back-, Kühl- & Ruhezeit)

- ◉◉◉◉◉ WENIGER ALS 20 MINUTEN
- ◉◉◉◉◉ 20 MINUTEN BIS 1 STUNDE
- ◉◉◉◉◉ 1 BIS 2 STUNDEN
- ◉◉◉◉◉ 2 BIS 4 STUNDEN
- ◉◉◉◉◉ MEHR ALS 4 STUNDEN

Cherry Berry Stories

Wenn Beeren und Kirschen Saison haben,
ist es höchste Zeit zu backen! Die vitaminreichen
Naschfrüchtchen sind hemmungslos mit allem
Möglichen kombinierbar, und jedes noch so einfache
Törtchen wird mit den süßen Obstjuwelen zum
hübschen Blickfang.

Kirsch-Cupcakes nach Schwarzwälder Art

Tradition in neuer Form

Zutaten

Teig
150 g Schokolade
120 g Butter
4 Eier
220 g Zucker
1 Prise Salz
150 g Mehl
1 Glas Sauerkirschen
 (Abtropfgewicht ca. 350 g)

Topping und Garnitur
160 g Sahne
80 ml Kirschwasser
1 Päckchen Schwarzwälder-
 Kirsch-Cremepulver (59 g)
12 frische Kirschen
Schokostreusel zum Bestreuen

Außerdem
12 Papierförmchen
12er-Muffinblech

ZEITAUFWAND    SCHWIERIGKEIT    ERGIBT 12 CUPCAKES

Den Backofen auf 180 °C vorheizen. Papierförmchen in die Mulden des Muffinblechs setzen. Für den Teig Schokolade klein hacken. Butter in einem kleinen Topf erhitzen. Temperatur reduzieren, die Schokolade zur Butter geben und darin schmelzen.

Eier mit Zucker und Salz schaumig schlagen. Mehl darübersieben und untermischen, dann die flüssige Schoko-Butter und die Sauerkirschen unter die Masse rühren. Den Teig in die Förmchen füllen und ca. 15 Minuten backen. Das Blech aus dem Ofen nehmen und die Muffins abkühlen lassen.

Für das Topping Sahne und Kirschwasser in eine Schüssel geben und das Schwarz-wälder-Kirsch-Cremepulver darübersieben (die enthaltenen Schokostücke würden den Spritzbeutel verstopfen). So lange von Hand rühren, bis die Masse fest genug ist, dass sie nicht mehr vom Schneebesen tropft. Die Creme in einen Spritzbeutel füllen und auf die Muffins spritzen. Die Küchlein mit den Kirschen garnieren und mit Schoko-streuseln bestreuen.

Himbeertorte mit weißer Schokolade

die Prinzessin unter den Torten

Zutaten

Teig
250 g Butter
5 Eier
400 g Zucker
3 Päckchen Vanillezucker
120 ml Milch
400 g Mehl
½ Päckchen Backpulver
250 g Himbeeren

Creme
750 g Sahne
3 Päckchen Himbeer-
  cremepulver (je 62 g)

Garnitur
200 g weiße Schokolade
Himbeeren
Baisertupfen

Außerdem
1 Springform (ca. 20 cm Ø)

Den Backofen auf 190 °C vorheizen. Die Springform ausfetten. Für den Teig die Butter schmelzen und etwas abkühlen lassen. Eier mit Zucker und Vanillezucker cremig schlagen, dann flüssige Butter und Milch unterrühren. Mehl und Backpulver darübersieben und alles gut vermengen. Himbeeren vorsichtig unterheben.

Ein Viertel der Masse in die Springform füllen und ca. 30 Minuten backen. Den Tortenboden aus der Form nehmen und abkühlen lassen. Aus dem restlichen Teig wie beschrieben drei weitere Tortenböden backen und ebenfalls gut abkühlen lassen.

Inzwischen für die Creme die Sahne in eine Schüssel geben und das Himbeercremepulver darübersieben. So lange von Hand rühren, bis die Masse fest genug ist, dass sie nicht mehr vom Schneebesen tropft. Die Hälfte der Creme auf drei Tortenböden aufteilen, glatt streichen und aufeinandersetzen. Den vierten (unbestrichenen) Tortenboden als Deckel auf die dritte Schicht legen. Die Torte rundherum mit der restlichen Creme bestreichen und ca. 1 Stunde kühl stellen.

Die Schokolade schmelzen, kurz abkühlen lassen und langsam über die erkaltete Torte gießen. Anschließend die Torte mit Himbeeren, Baisertupfen und eventuell mit Blüten garnieren.

Very Berry Pie

leichter Genuss

Zutaten

Teig

360 g Mehl
1 EL Puderzucker
1 Prise Salz
150 g kalte Butter (gewürfelt)
2 EL Zitronensaft
2 Eier

Füllung

ca. 1 kg frische Beeren
100 g Zucker
2 EL Zitronensaft
2 EL Mehl

Außerdem

1 Pieform (ca. 22 cm Ø)

ZEITAUFWAND    SCHWIERIGKEIT

Mehl, Puderzucker und Salz in eine Schüssel geben. Butter hinzufügen und gut einkneten. 6 EL kaltes Wasser, Zitronensaft und 1 Ei dazugeben und alles mit den Händen zu einem glatten Teig verkneten. Diesen zur Kugel formen, in Frischhaltefolie wickeln und ca. 30 Minuten im Kühlschrank ruhen lassen.

Für die Füllung die Beeren mit Zucker und Zitronensaft mischen und ca. 1 Stunde zugedeckt ziehen lassen. Anschließend abgießen, den Saft dabei auffangen und die Beeren in einem Topf etwas einkochen lassen. Die Pieform ausfetten. Gut zwei Drittel des Teigs ausrollen und die Pieform damit auskleiden, überhängenden Teig abschneiden. Den Teigboden mehrmals mit einer Gabel einstechen.

Die Beeren mit Mehl mischen, auf dem Teigboden verteilen und mit dem aufgefangenen Saft beträufeln. Alle Teigreste ausrollen. Den Teig in Streifen schneiden und diese als Gitter auf die Beeren legen. Die gefüllte Pie etwa 30 Minuten kalt stellen. Inzwischen den Backofen auf 200 °C vorheizen. Die Pie aus dem Kühlschrank nehmen. Das Ei verquirlen, die Pie damit bestreichen und ca. 15 Minuten backen. Anschließend die Ofentemperatur auf 185 °C reduzieren und die Pie in weiteren 30 Minuten fertig backen.

Brombeer-Honig-Cupcakes
das absolute Traumduett!

ZEITAUFWAND  SCHWIERIGKEIT  ERGIBT 12 CUPCAKES

Den Backofen auf 180 °C vorheizen. Papierförmchen in die Mulden des Muffinblechs setzen. Für den Teig Butter mit Zucker und Salz cremig schlagen. Eier unter Rühren hinzufügen. Mehl und Backpulver darübersieben und gut unterrühren. Die Brombeeren vorsichtig unterheben.

Den Teig in die Förmchen füllen und ca. 15 Minuten backen. Das Blech aus dem Ofen nehmen und die Muffins abkühlen lassen.

Für das Topping den Mascarpone mit den Quirlen des Handrührgeräts cremig rühren. Sahne steif schlagen und mit dem Honig unter den Mascarpone rühren. Die Masse in einen Spritzbeutel füllen und auf die Muffins spritzen. Mit Brombeeren garnieren.

Zutaten

Teig
130 g Butter
160 g Zucker
1 Prise Salz
2 Eier
150 g Mehl
1 TL Backpulver
200 g Brombeeren

Topping und Garnitur
150 g Mascarpone
200 g Sahne
100 g Honig
12 Brombeeren

Außerdem
12 Papierförmchen
12er-Muffinblech

Mini-Himbeer-Cheesecakes
Dessert im Gläschen

Zutaten

60 g Butterkekse
40 g Butter
250 g Himbeeren
Saft von ½ Zitrone
200 g Frischkäse
1 Päckchen Vanillezucker
150 g Sahne

Garnitur
Schokoladensauce
Himbeeren
frische Minze

Außerdem
4 Gläschen

ZEITAUFWAND    SCHWIERIGKEIT    ERGIBT 4 PORTIONEN

Die Kekse zerbröseln und die Brösel mit der Butter verkneten. Die Böden der Gläschen mit der Krümelmasse bedecken. Die Himbeeren mit einer Gabel leicht zerdrücken und dabei den Zitronensaft dazugeben.

Frischkäse mit Vanillezucker cremig rühren. Die Sahne steif schlagen und unter die Käsecreme heben. Die Hälfte der Cheesecake-Creme auf den Keksböden verteilen, dann die Himbeeren und zuletzt die übrige Creme daraufschichten. Mit Schokoladensauce, Himbeeren, Minze und eventuell mit Blüten garnieren.

Schoko-Amarena-Muffins

großzügig gefüllt

Zutaten

Teig
150 g Schokolade
120 g Butter
4 Eier
220 g Zucker
1 Prise Salz
150 g Mehl

Füllung
200 g Amarenakirschen
½ Päckchen Vanille-
  puddingpulver
3 Tropfen Bittermandelaroma

Außerdem
12 Papierförmchen
12er-Muffinblech

Den Backofen auf 180 °C vorheizen. Papierförmchen in die Mulden des Muffin-blechs setzen. Für den Teig die Schokolade grob hacken, die Butter in einem kleinen Topf erhitzen, die Schokolade dazugeben und in der Butter schmelzen lassen. Eier mit Zucker und Salz schaumig schlagen. Mehl darübersieben und untermischen, dann die flüssige Schoko-Butter unterrühren.

Den Teig in die Förmchen füllen und ca. 15 Minuten backen. Amarenakirschen mit Saft in einem kleinen Topf zum Kochen bringen. Das Puddingpulver mit etwas kaltem Kirschsaft und dem Bittermandelaroma anrühren. Die Mischung unter Rühren zu den Kirschen gießen und köcheln lassen, bis die Kirschen angedickt sind. Vom Herd nehmen.

Das Blech aus dem Ofen nehmen und die Muffins abkühlen lassen. Aus der Mitte jedes Muffins ein kleines Stück herauslöffeln und die entstandenen Mulden mit den Kirschen füllen.

Brombeer-Donuts

leckere Eyecatcher

ZEITAUFWAND    SCHWIERIGKEIT   ERGIBT 12 STÜCK

Für den Teig das Mehl in eine Schüssel sieben und in die Mitte eine Mulde drücken. Die frische Hefe zerbröckeln, mit 2 TL lauwarmem Wasser und 1 TL Zucker in die Mulde geben. Den Muldeninhalt mit etwas Mehl bedecken und ca. 10 Minuten ruhen lassen. Anschließend Milch, restlichen Zucker, Salz, Vanillezucker, Ei und Butter in die Schüssel geben und alles mit den Knethaken des Handrührgeräts durchkneten, bis sich der Teig von der Schüsselwand löst. Die Schüssel mit einem sauberen Geschirrtuch bedecken und den Teig mindestens 1 Stunde gehen lassen.

Danach den Teig auf einer bemehlten Arbeitsfläche kräftig durchkneten und ca. 1,5 cm dick ausrollen. Aus der Teigplatte mit dem größeren Ausstechring 12 Kreise ausstechen, anschließend in die Mitte jedes Teigkreises mit dem kleinen Ring ein Loch stechen. Die Donuts mit dem Geschirrtuch bedecken und ca. 1 Stunde gehen lassen.

Fett zum Ausbacken in einem flachen, weiten Topf oder einer hohen Pfanne erhitzen. Sobald es heiß genug ist, die Donuts hineingleiten lassen und auf jeder Seite ca. 2 Minuten frittieren, bis sie schön hellbraun sind.

Für die Glasur die Brombeeren pürieren und durch ein Sieb in einen kleinen Topf streichen. Mit Puderzucker und Zitronensaft aufkochen, zu einer glatten Masse verrühren und die Donuts mit einer Seite hineintauchen. Mit Schokostreuseln garnieren.

Tipp

Wann ist das Fett heiß genug? Ein Holzstäbchen oder einen Holzkochlöffelstiel in das heiße Fett halten. Sobald kleine Bläschen daran hochsteigen, ist die richtige Temperatur zum Frittieren der Donuts erreicht.

Cherry-Berry-Schokotarte

einfach und doch extravagant

ZEITAUFWAND    SCHWIERIGKEIT

Mehl und Backpulver in eine Schüssel sieben. Butter einarbeiten, dann Zucker und Eigelb hinzufügen und alles rasch zu einem glatten Teig kneten. Den Teig zu einer Kugel formen, in Frischhaltefolie wickeln und ca. 30 Minuten im Kühlschrank ruhen lassen.

Nach der Kühlzeit den Backofen auf 200 °C vorheizen. Die Form ausfetten. Den Teig ausrollen und die Form damit auskleiden. Den Teigboden mit einer Gabel einstechen, mit Backpapier bedecken und mit Backbohnen bzw. Hülsenfrüchten beschweren. Den Tarteboden ca. 12 Minuten backen.

Inzwischen die Sahne in einem Topf erhitzen und die Schokolade darin unter Rühren schmelzen. Den Topf vom Herd nehmen, die Eier verquirlen und in die Schokosahne schlagen. Die Tarte aus dem Ofen nehmen, Backbohnen bzw. Hülsenfrüchte und Backpapier entfernen.

Die Ofentemperatur auf 180 °C reduzieren. 1 Handvoll Beeren auf dem Tarteboden verteilen und die Schokosahnecreme darübergießen (die Form soll randvoll sein). Die Tarte noch ca. 12 Minuten backen. Aus dem Ofen nehmen und mindestens 1 Stunde kühl stellen. Danach die Tarte mit den übrigen Beeren und den Kirschen belegen.

Zutaten

Teig
175 g Mehl
1 TL Backpulver
120 g kalte Butter (gewürfelt)
50 g Zucker
1 Eigelb

Belag
200 g Sahne
250 g Zartbitterschokolade
2 Eier
4 Handvoll Beeren
1 Handvoll Kirschen

Außerdem
1 Tarteform (ca. 20 cm Ø)
Backbohnen oder Hülsen-
früchte zum Blindbacken

Kirsch-Schokotorte

so verführerisch!

Teig

150 g Butter
4 Eier
450 g Zucker
200 ml Milch
350 g Mehl
1 EL Backpulver
100 g Kakaopulver

Füllung und Creme

1 Glas Sauerkirschen
  (Abtropfgewicht ca. 320 g)
8 EL Kirschkonfitüre
600 g Sahne
3 Päckchen Schwarzwälder-
  Kirsch-Creme (je 59 g)

Garnitur

60 g Zartbitterschokolade
frische Kirschen

Außerdem

1 Springform (ca. 20 cm Ø)

ZEITAUFWAND ● ● ● ● ○   SCHWIERIGKEIT ● ● ● ● ○

Den Backofen auf 190 °C vorheizen. Die Springform ausfetten. Butter schmelzen. Für den Teig Eier mit Zucker cremig schlagen, die flüssige Butter unterrühren. Milch dazugeben. Mehl, Backpulver und Kakaopulver darübersieben und alles zu einer geschmeidigen Masse rühren.

Ein Drittel des Teiges in die Springform füllen und ca. 25 Minuten backen. Die Form aus dem Ofen nehmen, den Tortenboden aus der Form lösen und abkühlen lassen. Aus dem restlichen Teig zwei weitere Tortenböden wie beschrieben backen und abkühlen lassen.

Für die Füllung die Sauerkirschen abtropfen lassen (den Saft dabei auffangen) und mit der Kirschkonfitüre vermischen. Die Mischung auf zwei Tortenböden verteilen und dann alle drei Böden zu einer Torte zusammensetzen. Für die Creme die Sahne und den Kirschsaft in eine Schüssel geben und das Cremepulver darübersieben. So lange von Hand verrühren, bis die Masse nicht mehr vom Schneebesen tropft.

Die gesamte Torte mit der Kirschcreme bestreichen und ca. 30 Minuten kühl stellen. Währenddessen die Schokolade schmelzen und nach der Kühlzeit über nur einen Teil der Torte gießen. Mit frischen Kirschen und eventuell mit Blüten garnieren.

Erdbeereis-Cupcakes
fruchtige Versuchung

Zutaten

Teig
250 ml Erdbeereis
120 g Butter
170 g Zucker
3 Eier
250 g Mehl
1 TL Backpulver
1 Prise Salz
250 g Erdbeeren

Topping
250 g Sahne
1 Päckchen Sahnefestiger
6 EL Erdbeerkonfitüre

Außerdem
12 Papierförmchen
12er-Muffinblech

Für den Teig die Eiscreme in einer Schüssel antauen lassen, bis sie cremig ist und leicht verrührt werden kann. Den Backofen auf 180 °C vorheizen. Papierförmchen in die Mulden des Muffinblechs setzen.

Butter mit Zucker cremig schlagen, nach und nach Eier unterrühren. Die angetaute Eiscreme hinzugeben. Mehl, Backpulver und Salz darübersieben und alles zu einem glatten Teig verrühren.

6 Erdbeeren zum Garnieren beiseitelegen. Die restlichen Erdbeeren in kleine Stücke schneiden und unter die Eiscrememasse heben. Die Masse in die Förmchen füllen und ca. 15 Minuten backen. Das Blech aus dem Ofen nehmen und die Muffins vollständig auskühlen lassen.

Inzwischen für das Topping die Sahne mit Sahnefestiger und Konfitüre steif schlagen. Die Erdbeersahne in einen Spritzbeutel füllen und auf die Muffins spritzen. Die beiseitegelegten Erdbeeren halbieren und als Garnitur verwenden.

Cherry Cookie Cups

klein, aber fein

Zutaten

6 Kakaokekse mit Füllung
 (ca. 60 g)
200 g Sahne
ca. 8 EL Kirschkonfitüre
8 frische Kirschen

Außerdem
8 Minigläschen

Die Kekse 10-20 Sekunden in der Mikrowelle erwärmen, damit die Füllung weich wird. Die Kekse aufklappen, die Füllung abkratzen und in eine große Schüssel geben. Die Sahne hinzufügen und steif schlagen. Die Kekse fein zerbröseln. 1 EL von den Bröseln für die Garnitur abnehmen und die restlichen gleichmäßig auf die Gläschen verteilen.

Anschließend zuerst einen Klecks Kirschkonfitüre und darauf einen Klecks von der Sahnecreme in jedes Gläschen geben. Diesen Vorgang wiederholen. Die Portionen mit den übrigen Keksbröseln bestreuen und mit je 1 Kirsche garnieren.

Pink-Lemonade-Torte

mit Beeren

ZEITAUFWAND   SCHWIERIGKEIT

Den Backofen auf 190 °C vorheizen. Die Springform ausfetten. Für den Teig von den Zitronen die Schale abreiben und den Saft auspressen. Butter zerlassen und etwas abkühlen lassen. Eier mit dem Zucker cremig schlagen. Flüssige Butter, Zitronenschale, Zitronensaft und Milch unter die Eiercreme rühren. Mehl und Backpulver darüber- sieben und alles gut vermengen.

Ein Viertel der Masse in die Form füllen und ca. 30 Minuten backen. Aus dem Ofen nehmen, den Tortenboden aus der Form lösen und abkühlen lassen. Aus dem restlichen Teig wie beschrieben drei weitere Tortenböden backen und abkühlen lassen.

Für das Frosting die Eiweiße in einer Metallrührschüssel mit dem Zucker verrühren. Die Schüssel auf ein heißes Wasserbad setzen und die Eiweiß-Zucker-Mischung von Hand so lange schlagen, bis sich der Zucker aufgelöst hat. Die Schüssel vom Wasser- bad nehmen und die Masse mit den Quirlen des Handrührgeräts auf höchster Stufe zu sehr steifem Schnee schlagen.

Für die Füllung die Sahne steif schlagen. Die Beeren pürieren, etwa 4 EL Püree abnehmen und beiseitestellen. Das restliche Püree mit dem Mascarpone cremig rühren und die geschlagene Sahne unter die Creme heben. Drei Tortenböden mit der Beerencreme bestreichen und zusammensetzen, den unbestrichenen Tortenboden obendrauf legen.

Die Torte rundherum mit dem Eischnee bestreichen und für ca. 20 Minuten kühl stellen. Währenddessen das übrige Beerenpüree mit dem Puderzucker zu einer Glasur verrühren. Die Torte damit begießen, mit Beeren und eventuell mit Blüten garnieren.

Zutaten

Teig
4 Bio-Zitronen
5 Eier
400 g Zucker
250 g zerlassene Butter
100 ml Milch
400 g Mehl
½ Päckchen Backpulver

Frosting
Eiweiß von 6 Eiern (Größe L)
200 g Zucker

Füllung und Glasur
200 g Sahne
750 g Beeren
300 g Mascarpone
250 g Puderzucker

Garnitur
1 Handvoll Beeren

Außerdem
1 Springform (ca. 20 cm Ø)

Tipp

Um herauszufinden, ob sich der Zucker aufgelöst hat, einfach etwas von der Eiweiß-Zucker-Masse zwischen Daumen und Zeigefinger verreiben – es sollten keine Zuckerkörnchen mehr spürbar sein.

Kirsch-Cupcakes mit weißer Schokolade

ein perfektes Duo

Zutaten

Teig
120 g zerlassene Butter
3 Eier
150 g Zucker
100 ml Milch
200 g Mehl
1 Prise Salz
1 TL Backpulver
100 g weiße Schokolade

Topping und Garnitur
400 g Sahne
3 Blatt Gelatine
1 Glas Sauerkirschen
  (Abtropfgewicht ca. 320 g)
12 frische Kirschen

Außerdem
12er-Muffinblech
12 Papierförmchen

ZEITAUFWAND  SCHWIERIGKEIT  ERGIBT 12 CUPCAKES

Den Backofen auf 180 °C vorheizen. Papierförmchen in die Mulden des Muffinblechs setzen. Für den Teig die zerlassene Butter mit Eiern, Zucker und Milch verrühren. Nach und nach Mehl mit Salz und Backpulver auf die Butter-Eier-Creme sieben. Weiße Schokolade dazuraspeln und alles zu einem glatten Teig verrühren. Die Masse in die Förmchen füllen und ca. 15 Minuten backen. Das Blech aus dem Ofen nehmen und die Muffins abkühlen lassen.

Währenddessen für das Topping die Sahne steif schlagen und kühl stellen. Gelatine in kaltem Wasser einweichen. Die Kirschen abtropfen lassen und den Kirschsaft dabei auffangen. Etwa 5 EL davon in einem kleinen Topf erhitzen. Die Gelatine ausdrücken und unter Rühren im heißen (nicht kochenden!) Saft auflösen. Kühl stellen. Sobald der Kirschsaft zu gelieren beginnt, die Hälfte der geschlagenen Sahne unterrühren und die Kirschsahne in einen Spritzbeutel füllen.

Aus jedem Muffin ein rundes Stück aus der Mitte löffeln und die entstandenen Mulden mit Kirschen füllen. Die Kirschsahne ringförmig um die Kirschen spritzen. Anschließend den Spritzbeutel auswaschen, die übrige geschlagene Sahne hineinfüllen und als zweiten Ring obendrauf spritzen. Mit frischen Kirschen garnieren.

Chocolate Stories

Schokolade macht ja bekanntlich happy –
aber wie happy machen dann erst diese
hyperschokoladigen Desserts, die noch
viel sündhafter sind als Schokolade allein?
Diese Rezepte aus der „Schoko-Lade"
werden jeden noch so süßen Schokotiger
mit Naschbrettbauch „chocieren"!

Schoko-Bananentorte

simply the best

Bananenpüree
6 Bananen
3 EL Honig
50 g Butter

Teig
200 g Butter
6 Eier
500 g Zucker
1 Prise Salz
300 g Mehl
150 g Kakaopulver
3 TL Backpulver

Creme und Garnitur
3 Päckchen Schokoladen-
   cremepulver (je 74 g)
750 g Sahne
200 g Zartbitterschokolade
Bananenchips
Kakaokekse mit Füllung

Außerdem
1 Springform (ca. 20 cm Ø)

ZEITAUFWAND    SCHWIERIGKEIT

Den Backofen auf 190 °C vorheizen. Die Springform ausfetten. Die Bananen schälen und in Scheiben schneiden. Mit dem Honig und der Butter unter Rühren in einem Topf erhitzen. Sobald die Butter geschmolzen ist, die Masse mit dem Stabmixer fein pürieren. Kurz abkühlen lassen. Die Hälfte des Bananenpürees kühl stellen.

Für den Teig die zweite Hälfte des Bananenpürees mit Butter, Eiern, Zucker und Salz cremig schlagen. Mehl, Kakaopulver und Backpulver auf die Creme sieben und alles zu einer glatten Masse verrühren.

Ein Drittel des Teigs in die Springform füllen und ca. 30 Minuten backen. Aus dem Ofen nehmen, den Tortenboden aus der Form lösen und auf einem Kuchengitter auskühlen lassen. Aus dem restlichen Teig wie beschrieben zwei weitere Tortenböden backen und ebenfalls auskühlen lassen.

Für die Creme das Schokoladencremepulver in die Sahne rieseln lassen und alles ca. 2 Minuten schlagen. Das restliche Bananenpüree unterrühren und die Schoko-Bananen-Creme kühl stellen. Die Tortenböden mit ca. der Hälfte der Creme bestreichen und zu einer Torte zusammensetzen. Diese rundherum mit der restlichen Creme bestreichen und ca. 1 Stunde kühl stellen.

Die Schokolade schmelzen, kurz abkühlen lassen und über die Mitte der Torte gießen. Mit Bananenchips, Kakaokeksen und eventuell Blüten garnieren.

Schoko-Cupcakes mit Cookie Dough

ideal für Keksteignascher

Zutaten

Teig
150 g Zartbitterschokolade
120 g Butter
4 Eier
220 g Zucker
1 Prise Salz
150 g Mehl

Cookie Dough
175 g Mehl
60 g Butter
100 g brauner Zucker
100 g Schokotröpfchen
1 EL Salz
50 ml Milch

Topping und Garnitur
250 g Sahne
1 Päckchen Schokoladen-
   cremepulver (74 g)
12 Chocolate Chip Cookies

Außerdem
12 Papierförmchen
12er-Muffinblech

ZEITAUFWAND    SCHWIERIGKEIT    ERGIBT 12 CUPCAKES

Den Backofen auf 180 °C vorheizen. Die Papierförmchen in die Mulden des Muffin-blechs setzen. Für den Teig die Schokolade klein hacken. Butter erhitzen, Temperatur reduzieren und die Schokolade in der Butter schmelzen.

Eier mit Zucker und Salz schaumig schlagen. Mehl darübersieben und gut unterheben. Die flüssige Schoko-Butter unter die Masse rühren. Den Teig in die Förmchen füllen und ca. 15 Minuten backen. Das Blech aus dem Ofen nehmen und die Muffins abküh-len lassen.

Inzwischen für den Cookie Dough alle Zutaten miteinander verrühren und aus der Masse 12 kleine Kugeln formen. Aus der Mitte jedes Muffins ein kleines Stück heraus-löffeln und die Mulden mit je 1 Kugel füllen.

Für das Topping die Sahne in eine Schüssel geben und das Schokoladencremepulver darübersieben. So lange von Hand verrühren, bis die Masse nicht mehr vom Schnee-besen tropft. In einen Spritzbeutel füllen und auf die Küchlein spritzen. Die Cupcakes mit je 1 Cookie belegen.

Schokoladentorte de luxe

mit Whisky-Sahne-Likör und Beeren

Teig

250 g Butter

500 g Zucker

6 Eier

300 g Mehl

150 g Kakaopulver

2 TL Backpulver

Creme

750 g Sahne

150 ml Whisky-Sahne-Likör

3 Päckchen Schokoladen-
cremepulver (je 74 g)

Garnitur

200 g Zartbitterschokolade

verschiedene Beeren

Außerdem

1 Springform (ca. 20 cm Ø)

ZEITAUFWAND ⬤⬤⬤⬤⬤   SCHWIERIGKEIT ⬤⬤⬤⬤⬤

Den Backofen auf 190 °C vorheizen. Die Springform ausfetten. Butter mit dem Zucker cremig rühren, dabei die Eier nach und nach dazugeben. Mehl, Kakaopulver und Backpulver auf die Eiercreme sieben und alles zu einer glatten Masse verrühren. Die Masse in die Form füllen und ca. 80 Minuten backen.

Kurz vor Ende der Backzeit die Garprobe machen. Für ein perfektes Ergebnis sollte der Kuchen bei diesem Rezept nur fast durch sein (am Stäbchen sollten feuchte Krümel haften bleiben). Den fertigen Kuchen aus dem Ofen nehmen und mindestens 2 Stunden bei Zimmertemperatur auskühlen lassen.

Anschließend den Kuchen horizontal dritteln. Sahne und Likör in eine große Schüssel geben. Das Schokoladencremepulver hineinstreuen und alles so lange von Hand rühren, bis die Masse cremig und streichfähig ist.

Die Tortenböden großzügig mit ca. der Hälfte der Creme bestreichen, aufeinandersetzen und rundherum mit der restlichen Creme bestreichen. Die Torte ca. 1 Stunde kühl stellen. Anschließend die Schokolade schmelzen, kurz abkühlen lassen und als äußeren Ring über die Tortenoberfläche gießen. Die Torte mit Beeren und eventuell mit Blüten garnieren.

Hi-Hat-Haselnuss-Cupcakes
mit Amicelli®

ZEITAUFWAND ⬤⬤⬤◯◯   SCHWIERIGKEIT ⬤⬤⬤◯◯   ERGIBT 12 CUPCAKES

Den Backofen auf 180 °C vorheizen. Die Papierförmchen in die Mulden des Muffinblechs setzen. Schokolade in grobe Stücke hacken. Butter erhitzen, Temperatur reduzieren und die Schokolade in der Butter schmelzen lassen.

Eier mit Zucker und Salz schaumig schlagen. Mehl, Nüsse und Backpulver darübersieben und gut unterheben. Schokoröllchen in kleine Stücke schneiden und mit der flüssigen Schoko-Butter vermengen. Diese Mischung unter den Teig rühren. Die Masse in die Förmchen füllen und ca. 15 Minuten backen. Aus dem Ofen nehmen und die Muffins abkühlen lassen.

Wasser in einem kleinen Topf für ein Wasserbad erhitzen. Für das Topping die Eiweiße mit Zucker, Vanillezucker und 50 ml Wasser in eine Metallrührschüssel geben und mit den Quirlen des Handrührgeräts 1 Minute auf höchster Stufe schaumig schlagen. Dann die Masse in ca. 12 Minuten über dem heißen Wasserbad sehr steif schlagen.

Die Masse in einen Spritzbeutel füllen und als Türmchen auf die Muffins spritzen. Die Cupcakes kühl stellen. Die Schokolade in kleine Stücke brechen, über dem noch heißen Wasserbad schmelzen und in ein hohes Gefäß füllen (der Hi-Hat sollte ganz darin abtauchen können). Die gekühlten Cupcakes kopfüber in die Schokolade tauchen, gut abtropfen lassen und vor dem ersten Reinbeißen erneut kühl stellen.

Zutaten

Teig
150 g Zartbitterschokolade
120 g Butter
4 Eier
220 g Zucker
1 Prise Salz
100 g Mehl
60 g gemahlene Haselnüsse
1 TL Backpulver
12 Stück Amicelli®

Topping
3 Eiweiß
400 g Zucker
1 Päckchen Vanillezucker
200 g Zartbitterschokolade

Außerdem
12 Papierförmchen
12er-Muffinblech

Schokoladeneis-Torte

Eis zum Beißen

Zutaten

Teig

500 ml Schokoladeneis
3 Eier
250 g Butter
500 g Zucker
330 g Mehl
150 g Kakaopulver
1 TL Backpulver
1 Prise Salz

Creme

200 g Zartbitterschokolade
300 g Butter
400 g Puderzucker
60 g Kakaopulver
100 g Sahne

Außerdem

1 Springform (ca. 20 cm Ø)

ZEITAUFWAND    SCHWIERIGKEIT

Den Backofen auf 200 °C vorheizen. Die Springform ausfetten. Die Eiscreme schmelzen lassen. Eier, Butter und Zucker in einer großen Schüssel cremig schlagen. Die geschmolzene Eiscreme dazugeben und unterrühren. Mehl, Kakaopulver, Backpulver und Salz auf die Masse sieben und alles mit den Quirlen des Handrührgeräts 2 Minuten auf mittlerer Stufe verrühren.

Die Masse abmessen. Ein Viertel davon in die Form füllen und ca. 30 Minuten backen. Die Form aus dem Ofen nehmen, den Tortenboden herauslösen und auf einem Kuchengitter auskühlen lassen. Aus dem restlichen Teig wie beschrieben drei weitere Tortenböden backen und ebenfalls auskühlen lassen.

Währenddessen für die Creme die Schokolade schmelzen und auf Zimmertemperatur abkühlen lassen. Butter mit Puderzucker und Kakaopulver cremig rühren. Die geschmolzene Schokolade und die Sahne gründlich unter die Kakao-Buttercreme rühren. Die Creme kühl stellen. Die Tortenböden mit ca. der Hälfte der Schokoladen-Buttercreme bestreichen und aufeinandersetzen. Die Torte mit der restlichen Creme umhüllen.

Tipp

Garprobe: Kurz vor Ende der Backzeit ein Holzstäbchen in die Mitte des Kuchens stechen. Haftet beim Herausziehen etwas Teig daran, den Kuchen noch länger backen. Sind Krümel am Stäbchen, ist der Kuchen gar.

Cupcakes mit Lindt Lindor Kugeln

ein zartschmelzender Traum

Zutaten

Teig

12 Lindt Lindor Kugeln
   (Sorte nach Geschmack)
150 g Zartbitterschokolade
120 g Butter
4 Eier
220 g Zucker
1 Prise Salz
100 g Mehl
60 g Kakaopulver
1 TL Backpulver

Topping und Garnitur

100 g Zartbitterschokolade
200 g Butter
250 g Puderzucker
6 Lindt Lindor Kugeln

Außerdem

12 Papierförmchen
12er-Muffinblech

Den Backofen auf 180 °C vorheizen. Papierförmchen in die Mulden des Muffin-blechs setzen und in jedes Förmchen 1 Schokokugel legen. 150 g Schokolade grob hacken. Butter erhitzen, Temperatur reduzieren und die Schokolade in der Butter schmelzen lassen.

Eier mit Zucker und Salz schaumig schlagen. Mehl, Kakaopulver und Backpulver darübersieben und gründlich unterheben. Die flüssige Schoko-Butter unterrühren. Teig in die Förmchen füllen und ca. 15 Minuten backen. Herausnehmen und die Muffins auskühlen lassen.

Inzwischen für das Schoko-Topping die Schokolade grob hacken, im Wasserbad schmelzen und kurz abkühlen lassen. Die Butter mit den Quirlen des Handrührgeräts cremig schlagen, die flüssige Schokolade und den Puderzucker dazugeben und alles luftig aufschlagen. Das Topping in einen Spritzbeutel füllen und auf die Muffins spritzen. Mit Schokokugelhälften garnieren.

Schokopudding mit Cookie Crunch

das knusprige gewisse Etwas

ZEITAUFWAND    SCHWIERIGKEIT    ERGIBT CA. 2 PORTIONEN

Zutaten

200 ml Milch mit der Sahne in einen Topf geben. Orangenschale abreiben und zusammen mit Vanillemark und Zimt in die Milch-Sahne rühren. Alles erhitzen (nicht aufkochen lassen!). Den Topf vom Herd nehmen und die aromatisierte Milch-Sahne ca. 20 Minuten ziehen lassen.

Derweil die Kakaokekse in grobe und weniger grobe Stückchen zerbröseln. Nach der Ziehzeit das Kakaopulver in die Milch-Sahne-Mischung rühren und die Mischung erneut erwärmen.

Währenddessen die Speisestärke in der restlichen Milch (50 ml) auflösen, bis keine Klümpchen mehr vorhanden sind. Die Speisestärkemischung mit einem Schneebesen rasch in die heiße Kakaomischung rühren und so lange unter ständigem Rühren erhitzen, bis ein Pudding entstanden ist. Topf vom Herd nehmen und die Keksstückchen unter den Pudding mischen.

Zucker und Eigelbe schaumig schlagen und gründlich unter den Pudding rühren. Den Schokopudding auf die Gläschen verteilen und im Kühlschrank fest werden lassen.

250 ml Milch
150 g Sahne
1 Bio-Orange
Mark von 1 Vanilleschote
etwas gemahlener Zimt
100 g Kakaokekse
4 EL Kakaopulver
3 EL Speisestärke
3 EL Zucker
2 Eigelb

Außerdem
ca. 2 Gläser

Double Chocolate Cupcakes
mit cremiger Füllung

ZEITAUFWAND    SCHWIERIGKEIT    ERGIBT 12 CUPCAKES

Teig und Füllung

150 g Zartbitterschokolade
120 g Butter
4 Eier
220 g Zucker
1 Prise Salz
100 g Mehl
60 g Kakaopulver
1 TL Backpulver
12 TL Nuss-Nugat-Creme

Topping und Garnitur

100 g Zartbitterschokolade
200 g Butter
250 g Puderzucker
Erdbeeren

Außerdem

12 Papierförmchen
12er-Muffinblech

Den Backofen auf 180 °C vorheizen. Die Papierförmchen in die Mulden des Muffinblechs setzen. Für den Teig die Schokolade nicht zu klein hacken. Die Butter erhitzen, Temperatur reduzieren und die Schokolade in der Butter schmelzen lassen.

Eier mit Zucker und Salz schaumig schlagen. Mehl, Kakaopulver und Backpulver darübersieben und gut unterheben, dann die flüssige Schoko-Butter unter die Masse rühren. Den Teig in die Förmchen füllen und ca. 15 Minuten backen. Das Blech aus dem Ofen nehmen und die Muffins abkühlen lassen. Aus der Mitte jedes Muffins ein kleines Stück herauslöffeln und die Mulden mit der Nuss-Nugat-Creme füllen.

Für das Schoko-Topping die Schokolade schmelzen und danach kurz abkühlen lassen. Die Butter cremig rühren, flüssige Schokolade und Puderzucker hinzugeben und alles luftig aufschlagen. Das Topping in einen Spritzbeutel füllen, auf die Muffins spritzen und mit Erdbeeren garnieren.

Schoko-Chili-Soufflés

süße Scoville

Zutaten

4 scharfe Chilischoten
100 g Zartbitterschokolade
80 g Butter
2 Eigelb
3 EL Kakaopulver
25 g Speisestärke
4 Eiweiß
1 Prise Salz
1 Päckchen Vanillezucker

Außerdem

6 Souffléförmchen oder
  backofenfeste Tassen

ZEITAUFWAND    SCHWIERIGKEIT   ERGIBT 6 PORTIONEN

Den Backofen auf 200 °C vorheizen. Förmchen oder Tassen ausfetten. Für das Wasserbad einen kleinen Topf mit Wasser erhitzen. Chilischoten aufschneiden, Samen entfernen und das Fruchtfleisch sehr fein hacken. Die Schokolade grob hacken.

Butter, Chilis und Schokolade in eine Metallrührschüssel geben und diese auf das heiße Wasserbad setzen. Sobald die Schokolade geschmolzen ist, die Schüssel vom Wasserbad nehmen und die Eigelbe unter die Schokoladenmischung schlagen.

Kakaopulver und Speisestärke auf die Schokoladencreme sieben und gründlich unter-rühren. Die Eiweiße mit Salz und Vanillezucker steif schlagen. Den Eischnee behutsam unter die Schokomasse heben. Die Masse in die Förmchen bzw. Tassen füllen und ca. 20 Minuten backen.

Willy-Wonka-Schoko-Cupcakes

Charlie würde sie lieben!

ZEITAUFWAND    SCHWIERIGKEIT    ERGIBT 12 CUPCAKES

Den Backofen auf 180 °C vorheizen. Die Papierförmchen in die Mulden des Muffin-blechs setzen. Für den Teig die Schokolade klein hacken. Butter erhitzen, die Temperatur reduzieren, die Schokolade zur Butter geben und schmelzen lassen.

Eier mit Zucker und Salz schaumig schlagen. Mehl darübersieben und gründlich unterheben. Die flüssige Schoko-Butter unterrühren. Den Teig in die Förmchen füllen und ca. 15 Minuten backen. Das Blech aus dem Ofen nehmen und die Muffins auskühlen lassen.

Währenddessen für das Topping die Schokolade schmelzen, danach kurz abkühlen lassen. Die Butter mit den Quirlen des Handrührgeräts cremig rühren, die flüssige Schokolade und den Puderzucker hinzugeben und alles luftig aufschlagen. Das Schoko-Topping in einen Spritzbeutel füllen, auf die Muffins spritzen und mit Wonka Nerds® bestreuen. Eventuell mit Blüten garnieren.

Zutaten

Teig
150 g Wonka® Schokolade
120 g Butter
4 Eier
220 g Zucker
1 Prise Salz
150 g Mehl

Topping und Garnitur
100 g Wonka® Schokolade
200 g Butter
250 g Puderzucker
1 Päckchen Wonka Nerds®

Außerdem
12 Papierförmchen
12er-Muffinblech

Nuss-Nugat-Cookie-Torte

surprise inside!

Zutaten

Teig

150 g Butter
4 Eier
450 g Zucker
200 ml Milch
350 g Mehl
1 EL Backpulver
100 g Kakaopulver

Creme, Füllung und Garnitur

250 g Sahne
ca. 600 g Nuss-Nugat-Creme
20 Kakaokekse mit Füllung
 (ca. 200 g)
3 EL Kakaopulver
5 EL gehackte Haselnüsse

Außerdem

1 Springform (ca. 20 cm Ø)

ZEITAUFWAND   SCHWIERIGKEIT

Den Backofen auf 190 °C vorheizen. Die Springform ausfetten. Butter schmelzen. Eier mit Zucker cremig schlagen und die flüssige Butter unterrühren. Milch dazugeben. Mehl, Backpulver und Kakaopulver auf die Butter-Eier-Mischung sieben und alles zu einer geschmeidigen Masse verrühren.

Ein Drittel der Masse in die Springform füllen und ca. 25 Minuten backen. Die Form aus dem Ofen nehmen, den Tortenboden herauslösen und abkühlen lassen. Aus dem restlichen Teig wie beschrieben zwei weitere Tortenböden backen und ebenfalls abkühlen lassen.

Für die Creme die Sahne steif schlagen, anschließend Nuss-Nugat-Creme unter die Schlagsahne rühren. Zwei Tortenböden mit je 2 EL der Nuss-Nugat-Sahne bestreichen und auf jede Nuss-Nugat-Sahne-Schicht 10 Kakaokekse verteilen. Nochmals je 2 EL Nuss-Nugat-Sahne über die Kekse geben und dann alle drei Tortenböden aufeinandersetzen.

Die gesamte Torte mit der restlichen Nuss-Nugat-Sahne bestreichen, mit Kakaopulver bestäuben und am unteren Rand mit den gehackten Haselnüssen verzieren. Vor dem ersten Anschneiden ca. 1 Stunde kühl stellen.

Cupcakes à la Sachertorte

der Klassiker im Mini-Format

Zutaten

Teig und Füllung

50 g Zartbitterschokolade
2 Eier
130 g Butter
60 g Puderzucker
50 g Zucker
1 Prise Salz
100 g Mehl
1 TL Backpulver
6 EL Aprikosenkonfitüre

Topping und Garnitur

200 g Zartbitterschokolade
225 g Butter
120 g Kakaopulver
100 g Puderzucker
Aprikosen

Außerdem

12 Papierförmchen
12er-Muffinblech

Den Backofen auf 180 °C vorheizen. Papierförmchen in die Mulden des Muffinblechs setzen. Schokolade schmelzen. Eier trennen. Die Eigelbe mit Butter und Puderzucker schaumig rühren. Flüssige Schokolade dazugeben und unterrühren.

Die Eiweiße mit Zucker und Salz steif schlagen. Den Eischnee vorsichtig unter die Eigelb-Butter-Masse ziehen. Anschließend Mehl und Backpulver auf die Masse sieben und unterheben. Den Teig auf die Förmchen verteilen und ca. 20 Minuten backen. Das Blech aus dem Ofen nehmen und die Muffins auskühlen lassen. Anschließend aus der Mitte jedes Muffins ein kleines Stück herauslöffeln und die Mulden mit Konfitüre füllen.

Für das Topping die Schokolade klein hacken und zusammen mit der Butter schmelzen. Kakaopulver und Puderzucker unterrühren, die Masse in einen Spritzbeutel füllen und den Beutel für ca. 1 Stunde in den Kühlschrank legen.

Den Spritzbeutel mit der Schoko-Buttercreme aus dem Kühlschrank nehmen und die Creme als Haube auf jedes Muffin spritzen. Falls die Schoko-Buttercreme im Kühlschrank zu fest geworden sein sollte, diese 5–10 Sekunden in der Mikrowelle erwärmen. Jeweils mit einem Stück Aprikose garnieren.

Special Stories

Jetzt wird's richtig verrückt:
Regenbogen- und Ombré-Torten, wilde
Geschmackskombinationen und ganz besondere
Leckereien, die deinen Gästen nicht nur wegen
ihres Geschmacks, sondern auch wegen
ihres Aussehens noch lange in Erinnerung
bleiben werden!

Regenbogentorte

mit Marshmallow Fluff

ZEITAUFWAND ●●●●●   SCHWIERIGKEIT ●●●●●

Teig

300 g Butter

5 Eier

300 g Zucker

3 Päckchen Vanillezucker

½ TL Salz

350 ml Milch

650 g Mehl

1 Päckchen Backpulver

Lebensmittelfarbe in Rot,
    Orange, Gelb, Grün, Blau, Lila

Creme und Garnitur

200 g Sahne

1 Glas Fluff Marshmallowcreme
    (ca. 200 g)

200 g Kakaokekse

1 Handvoll Schokolinsen

Außerdem

1 Springform (ca. 20 cm Ø)

Den Backofen auf 200 °C vorheizen. Form ausfetten. Für den Teig Butter mit Eiern, Zucker, Vanillezucker und Salz cremig schlagen. Milch dazugeben, nach und nach unter Rühren Mehl und Backpulver auf die Butter-Eier-Creme sieben und alles zu einem glatten Teig vermischen. Teig gleichmäßig auf sechs kleine Schüsseln verteilen. Jede Teigportion mit einer anderen Lebensmittelfarbe einfärben.

Den Inhalt der ersten Schüssel in die Springform füllen und ca. 12 Minuten backen. Die Form aus dem Ofen nehmen und den Tortenboden auf einem Kuchengitter abkühlen lassen. Auf diese Weise aus den übrigen fünf Teigportionen Tortenböden backen und ebenfalls abkühlen lassen.

Die Sahne steif schlagen und kühl stellen. Die Tortenböden mit etwa der Hälfte des Marshmallow Fluffs bestreichen. Anschließend alle Böden in der richtigen Reihenfolge (Lila, Blau, Grün, Gelb, Orange, Rot) aufeinanderlegen und die geschichtete Torte rundherum mit dem restlichen Marshmallow Fluff umhüllen.

Die Kakaokekse möglichst fein zerbröseln und den Tortenrand mit den Keksbröseln bestreuen. Die Sahne in einen Spritzbeutel füllen und auf die Torte spritzen. Mit Schokolinsen garnieren und die Torte vor dem Anschneiden mindestens 3 Stunden kühl stellen.

Süße Mini-Burger

leckerer Bluff

Zutaten

Teig
120 g Butter
120 g Zucker
3 Eier
60 ml Milch
200 g Mehl
1 TL Backpulver
1 Prise Salz
5 EL Kakaopulver

Belag
Lebensmittelfarbe in
  Grün und Gelb
100 g Kokosraspel
200 g Sahne
1 Handvoll Sesamsamen

Außerdem
12 Papierförmchen
12er-Muffinblech

Den Backofen auf 180 °C vorheizen. Papierförmchen in die Mulden des Muffinblechs setzen. Für den Teig Butter mit Zucker in einer großen Schüssel cremig schlagen. Nach und nach Eier und Milch hinzugeben und die Masse gut verrühren. Mehl, Backpulver und Salz auf die Eiercreme sieben und unterrühren. Etwa die Hälfte des Teiges auf 6 Förmchen verteilen. Kakaopulver unter den übrigen Teig rühren und die anderen 6 Förmchen damit füllen. Teig ca. 15 Minuten backen. Blech aus dem Ofen nehmen und die Muffins abkühlen lassen.

Währenddessen ca. 80 ml Wasser mit grüner Lebensmittelfarbe färben. Kokosraspel hineinrühren, bis sie komplett grün sind. Sahne steif schlagen, die Hälfte in eine zweite Schüssel umfüllen. Eine Sahneportion mit gelber Lebensmittelfarbe einfärben.

Von jedem Muffin den „Kopf" abschneiden (der Teil, der aus den Förmchen rausschaut) – die „Köpfe" der dunklen Muffins können gegessen werden. Die „geköpften" Muffins aus dem Blech und den Papierförmchen nehmen und horizontal halbieren.

Die unteren Teile der hellen Muffins mit Kokosraspeln bestreuen. Vorsichtig etwas weiße Sahne auf den Rand der Oberfläche tropfen lassen. Ein Stück „Fleisch" (unterer Teil eines dunklen Muffins) darauflegen und dieses mit etwas gelber Sahne (dem „Käse") bedecken. Ein weiteres helles Muffin-Unterteil auf die gelbe Sahne legen und die Schichtung wiederholen. Zum Schluss auf jeden Burger einen hellen „Kopf" legen und diesen mit Sesam bestreuen.

Piñata-Torte

mit Toasted Marshmallow Frosting

Teig
250 g Butter
5 Eier
400 g Zucker
1 Fläschchen Vanillearoma
100 g Sahne
400 g Mehl
1 Päckchen Backpulver

Füllung, Frosting und Garnitur
Eiweiß von 6 Eiern (Größe L)
200 g Zucker
250 g Schokolinsen
bunte Zuckerstreusel

Außerdem
1 Springform (ca. 20 cm Ø)
1 Crème-brûlée-Brenner

ZEITAUFWAND    SCHWIERIGKEIT

Den Backofen auf 190 °C vorheizen. Die Springform ausfetten. Butter zerlassen und etwas abkühlen lassen. Eier mit Zucker cremig schlagen. Die flüssige Butter, Vanillearoma und Sahne unter die Eiercreme rühren. Mehl und Backpulver auf die Mischung sieben und alles gut verrühren. Ein Fünftel der Masse in die Form füllen und ca. 30 Minuten backen. Form aus dem Ofen nehmen, den Tortenboden herauslösen und abkühlen lassen. Aus dem restlichen Teig wie beschrieben vier weitere Tortenböden backen und ebenfalls abkühlen lassen.

Die Eiweiße in einer großen Metallschüssel mit dem Zucker verrühren. Die Schüssel auf ein heißes Wasserbad setzen und die Eiweiß-Zucker-Mischung von Hand so lange rühren, bis sich der Zucker aufgelöst hat (siehe Tipp Seite 35). Die Schüssel vom Wasserbad nehmen und die Masse mit den Quirlen des Handrührgeräts auf höchster Stufe zu sehr steifem Schnee schlagen.

In die Mitte von drei Tortenböden mit einem schmalen Glas (Öffnung nach unten) jeweils ein Loch ausstechen. Nun alle fünf Böden dünnt mit dem Eischnee bestreichen und wie folgt aufeinandersetzen: Einen ganzen Boden nach unten legen, darauf die drei Böden mit Löchern schichten und das entstandene Loch mit Schokolinsen füllen. Nun den zweiten ganzen Boden als Deckel auflegen. Die ganze Torte rundherum mit dem restlichen Eischnee umhüllen und mit dem Crème-brûlée-Brenner anflämmen. Zuletzt mit bunten Zuckerstreuseln garnieren.

Schoko-Cupcakes mit Meersalz

pure Extravaganz

ZEITAUFWAND ⊚⊚⊚⊚⊚ SCHWIERIGKEIT ⊚⊚⊚⊚⊚ ERGIBT 12 CUPCAKES

Den Backofen auf 180 °C vorheizen. Papierförmchen in die Mulden des Muffinblechs setzen. Schokolade in grobe Stücke hacken. Butter erhitzen, Temperatur reduzieren und die Schokolade in der Butter schmelzen lassen.

Eier mit Zucker und Salz schaumig schlagen. Zuerst Mehl, Kakaopulver und Backpulver auf die Eiercreme sieben und unterrühren, dann die flüssige Schoko-Butter. Teig in die Förmchen füllen und ca. 15 Minuten backen. Das Blech aus dem Ofen nehmen und die Muffins abkühlen lassen.

Für das Topping die Schokolade über dem Wasserbad schmelzen und kurz abkühlen lassen. Die Butter mit den Quirlen des Handrührgeräts cremig rühren, die flüssige Schokolade und den Puderzucker dazugeben und alles luftig aufschlagen. Das Topping in einen Spritzbeutel füllen und auf die Muffins spritzen. Mit Meersalz bestreuen und eventuell mit Blüten garnieren.

Zutaten

Teig
150 g Zartbitterschokolade
120 g Butter
4 Eier
220 g Zucker
100 g Mehl
60 g Kakaopulver
1 TL Backpulver

Topping und Garnitur
100 g Zartbitterschokolade
200 g Butter
250 g Puderzucker
2 EL Meersalzflocken

Außerdem
12 Papierförmchen
12er-Muffinblech

Himbeer-Ombré-Torte

ganz ohne Backen

Tortenboden
120 g Kakaokekse
80 g zerlassene Butter

Creme
9 Blatt Gelatine
150 g Sahne
400 g Himbeeren
500 g Quark
400 g Mascarpone
Saft von 1 Zitrone
3 Päckchen Vanillezucker

Garnitur
150 g Zartbitterschokolade
200 g Himbeeren

Außerdem
1 Springform (ca. 20 cm Ø)

ZEITAUFWAND 　　SCHWIERIGKEIT

Für den Tortenboden die Kakaokekse fein zerbröseln und mit der flüssigen Butter vermischen. Die Krümelmasse mit den Fingern gleichmäßig auf den Boden der Springform drücken. Die Form kühl stellen.

Für die Creme jeweils 3 Blatt Gelatine in je einem Schälchen mit kaltem Wasser einweichen. Sahne steif schlagen und kühl stellen. Himbeeren pürieren. Quark und Mascarpone mit Zitronensaft und Vanillezucker cremig rühren. Ein Drittel der Creme in eine zweite Schüssel geben und mit ca. 3 EL Himbeerpüree vermischen. In einer dritten Schüssel ein weiteres Drittel mit dem restlichen Beerenpüree vermengen.

Gelatine aus einem Schälchen tropfnass in einen kleinen Topf geben und erhitzen bzw. auflösen (nicht kochen lassen!). Zügig in die am dunkelsten gefärbte Quark-creme rühren. Ein Drittel der Sahne unterheben und die Masse gleichmäßig auf dem Keksboden in der Form verteilen. Sofort wieder kühl stellen. Nun die zweite Portion Gelatine auflösen, unter die nächste Portion Quarkcreme rühren und das nächste Drittel der Sahne unterheben, in die Form auf die dunkle Quarkcreme geben. Mit der letzten Portion Quarkcreme genauso verfahren.

Die Torte über Nacht durchkühlen lassen. Am nächsten Tag vorsichtig mit einem heiß abgespülten Messer aus der Form lösen und auf einem Teller oder Tortenständer platzieren. Die Schokolade schmelzen und über die Torte gießen. Mit Himbeeren garnieren.

Himmel-&-Hölle-Torte

Wer wählt welche Seite?

Zutaten

„Himmel"-Teig

3 Eier
220 g Zucker
125 g zerlassene Butter
300 g Mehl
100 g Kokosraspel
1 TL Backpulver

„Himmel"-Creme und -Garnitur

500 g Sahne
2 Päckchen weißes Schoko-
  ladencremepulver (je 70 g)
200 g weiße Schokolade
Baisertupfen, Kokoschips

„Hölle"-Teig

3 Eier
250 g Zucker
125 g zerlassene Butter
320 g Mehl
50 g Kakaopulver
3 TL Chiliflocken
1 TL Backpulver

„Hölle"-Creme und -Garnitur

500 g Sahne
2 Päckchen Schokoladen-
  cremepulver (je 74 g)
4 EL Kirschkonfitüre
200 g Zartbitterschokolade
Chilis, Kirschen

Außerdem

1 Springform (ca. 20 cm Ø)

Den Backofen auf 190 °C vorheizen. Die Springform ausfetten. Für den „Himmel" Eier mit Zucker cremig schlagen, flüssige Butter unterrühren. Mehl, Kokosraspel und Backpulver auf die Eier-Butter-Creme sieben und alles gut vermengen. Die Masse in die Form füllen und ca. 40 Minuten backen. Form aus dem Ofen nehmen, den Kuchen herauslösen, abkühlen lassen, einmal horizontal und einmal vertikal halbieren, sodass vier Teile entstehen.

Für die „Hölle" Eier mit Zucker cremig schlagen, flüssige Butter unterrühren. Mehl, Kakaopulver und Backpulver auf die Eier-Butter-Creme sieben und alles vermischen. Die Masse in die Form füllen und wie den „Himmel" backen, abkühlen lassen und halbieren.

Für die „himmlische" Creme die Sahne in eine Schüssel geben, das Cremepulver einrieseln lassen und so lange von Hand rühren, bis die Masse nicht mehr vom Schneebesen tropft. In einer zweiten Schüssel die „höllische" Creme entsprechend zubereiten.

Drei Himmelkuchenteile mit ca. der Hälfte der hellen Creme bestreichen, dann alle Teile zu einer halben Torte zusammensetzen und rundherum mit der restlichen Creme bestreichen. Nun drei der Höllekuchenteile erst mit der Konfitüre, dann mit ca. der Hälfte der dunklen Creme bestreichen, zusammensetzen und mit der restlichen Creme umhüllen. Beide Kuchen zusammenschieben, dabei ein Stück dickeres Papier oben zwischen Himmel und Hölle stecken und die Torte ca. 1 Stunde kühl stellen.

Die beiden Schokoladensorten separat schmelzen und über die jeweilige Tortenhälfte gießen. Nun das Papier wieder entfernen. Die Himmelseite mit Baisertupfen, Kokos- chips und eventuell mit Blüten, die Hölleseite mit Chilis, Kirschen und eventuell ebenfalls mit Blüten garnieren.

Schoko-Cupcakes mit Kartoffelchips & Karamell

Zucker + Salz = Liebe!

ZEITAUFWAND ●●○○○　　SCHWIERIGKEIT ●●●○○　　ERGIBT 12 CUPCAKES

Zutaten

Teig
150 g Zartbitterschokolade
120 g Butter
4 Eier
220 g Zucker
1 Prise Salz
150 g Mehl

Topping und Garnitur
100 g Zartbitterschokolade
200 g Butter
250 g Puderzucker
ein paar Kartoffelchips
Karamellsauce

Außerdem
12 Papierförmchen
12er-Muffinblech

Den Backofen auf 180 °C vorheizen. Papierförmchen in die Mulden des Muffinblechs setzen. Für den Teig die Schokolade klein hacken. Butter erhitzen, Temperatur reduzieren und die Schokolade in der Butter schmelzen.

Eier mit Zucker und Salz schaumig schlagen. Mehl auf die Eiercreme sieben und untermischen. Die flüssige Schoko-Butter unterrühren. Teig in die Förmchen füllen und ca. 15 Minuten backen. Das Blech aus dem Ofen nehmen und die Muffins abkühlen lassen.

Für das Topping die Schokolade im Wasserbad schmelzen und kurz abkühlen lassen. Butter mit den Quirlen des Handrührgeräts cremig schlagen, die flüssige Schokolade und den Puderzucker dazugeben und alles luftig aufschlagen. Das Topping in einen Spritzbeutel füllen und auf die Muffins spritzen. Mit Kartoffelchips garnieren und mit Karamellsauce beträufeln.

Heidelbeer-Ombré-Torte

ein blaues Wunder

Zutaten

Teig

220 g Butter

350 g Zucker

4 Eier

360 g Mehl

1 EL Backpulver

½ TL Salz

250 ml Buttermilch

Saft und abgeriebene Schale
   von 3 Bio-Zitronen

250 g Heidelbeeren

Frosting und Garnitur

500 g Mascarpone

130 g Puderzucker

4 EL geschlagene Sahne

Lebensmittelfarbe in Blau

ca. 200 g Heidelbeeren

Außerdem

1 Springform (ca. 20 cm Ø)

ZEITAUFWAND    SCHWIERIGKEIT

Den Backofen auf 200 °C vorheizen. Die Form ausfetten. Butter in ca. 1 Minute cremig schlagen. Zucker hinzufügen und alles 3 Minuten schlagen. Eier unterrühren. Mehl, Backpulver und Salz auf die Eier-Butter-Creme sieben und untermischen. Nach und nach Buttermilch, Zitronensaft und -schale dazugeben und alles zu einem glatten Teig verrühren. Heidelbeeren unterheben.

Ein Viertel des Teiges in die Form füllen und ca. 20 Minuten backen. Form aus dem Ofen nehmen, den Tortenboden herauslösen und abkühlen lassen. Aus dem restlichen Teig wie beschrieben drei weitere Tortenböden backen und ebenfalls abkühlen lassen.

Für das Frosting den Mascarpone mit den Quirlen des Handrührgeräts cremig schlagen. Puderzucker daraufsieben und weiterschlagen, bis eine glatte Creme entstanden ist. Geschlagene Sahne unter die Creme rühren und das Frosting kühl stellen.

Die Tortenböden dünn mit etwas Frosting bestreichen und zusammensetzen. Anschließend die ganze Torte dünn mit weiterem Frosting bestreichen und ca. 30 Minuten kühl stellen.

Ein Drittel des restlichen Frostings in einen Spritzbeutel mit großer Lochtülle füllen und am oberen Tortenrand beginnend Linien dicht an dicht rund um die Torte spritzen, bis das Frosting verbraucht ist. Das zweite Drittel Frosting mit wenig blauer Farbe einfärben und unterhalb des hellen Frostings wie beschrieben anbringen. Das restliche Frosting kräftiger einfärben und unter dem hellblauen Frosting rund um die Torte auf-spritzen, bis der untere Tortenrand erreicht ist. Mit einem großen Messer das Frosting rundherum glatt streichen (zwischendurch die Klinge immer wieder abspülen, damit die Farben schön verlaufen). Die Torte mit Heidelbeeren und eventuell mit Blüten garnieren.

Regenbogen-Cupcakes
mit Kaugummigeschmack

ZEITAUFWAND    SCHWIERIGKEIT    ERGIBT 12 CUPCAKES

Den Backofen auf 180 °C vorheizen. Papierförmchen in die Mulden des Muffinblechs setzen. Für den Teig Butter mit Zucker und Bubble-Gum-Aroma cremig schlagen, nach und nach Eier und Milch unterrühren. Mehl, Backpulver und Salz auf die Butter-Eier-Creme sieben und alles zu einem glatten Teig rühren. Den Teig gleichmäßig auf die Förmchen verteilen und ca. 15 Minuten backen. Blech aus dem Ofen nehmen und die Muffins abkühlen lassen.

Sahne mit Sahnefestiger steif schlagen. Ein Drittel davon in eine zweite Schüssel geben und mit Lebensmittelfarbe blau färben. Ein weiteres Drittel in einer dritten Schüssel gelb färben. Die restliche Sahne pink färben.

Drei ca. 20 x 20 cm große Stücke Frischhaltefolie zurechtschneiden. Mithilfe eines Löffels die pinkfarbene Sahne als dicke Linie am Rand eines Folienstücks auftragen. Genauso mit der gelben und der blauen Masse auf den anderen Folienquadraten verfahren. Die Folien parallel zur Linie aufrollen und die drei Röllchen nebeneinander in einen Spritzbeutel stecken. Wie gewohnt zudrücken und so die Sahne „Tricolore" auf die Muffins spritzen. Die Farben mischen sich dabei ganz von selbst. Mit bunten Zuckerstreuseln und jeweils 1 Kaugummikugel garnieren.

Zutaten

Teig
120 g Butter
120 g Zucker
Bubble-Gum-Aroma
(gibt's im Onlinehandel)
3 Eier
60 ml Milch
200 g Mehl
1 TL Backpulver
1 Prise Salz

Topping
300 g Sahne
1 Päckchen Sahnefestiger
Lebensmittelfarbe in
Gelb, Blau, Pink

Garnitur
bunte Zuckerstreusel
12 Kaugummikugeln

Außerdem
12 Papierförmchen
12er-Muffinblech

Punschtorte

mit saftiger Füllung

Zutaten

Teig

6 Eier
120 g Puderzucker
1 Päckchen Vanillezucker
120 g Mehl

Punschmasse

5 EL Zucker
abgeriebene Schale
  von 1 Bio-Orange
abgeriebene Schale
  von 1 Bio-Zitrone
5 EL brauner Rum
5 EL Aprikosenkonfitüre
250 g Schokokuchen(reste)

Glasur und Garnitur

1 Becher Punschglasur (200 g)
100 g Zartbitterschokolade
Waffelröllchen
Geschenkband

Außerdem

1 Springform (ca. 20 cm Ø)

Den Backofen auf 180 °C vorheizen. Die Springform ausfetten. Eier trennen. Eigelbe mit gesiebtem Puderzucker und Vanillezucker schaumig rühren. Eiweiße sehr steif schlagen. Mehl und Eischnee abwechselnd und vorsichtig unter die Eigelbcreme heben. Die Biskuitmasse in die Form füllen und ca. 20 Minuten backen. Form aus dem Ofen nehmen und den Tortenboden darin abkühlen lassen.

Für die Punschmasse in einem Topf 250 ml Wasser mit Zucker sowie Orangen- und Zitronenschale aufkochen lassen, dann Rum und Konfitüre einrühren. Abkühlen lassen. Schokokuchen(reste) zerbröseln und unter die Konfitürenmischung mischen.

Den Biskuitboden aus der Form lösen und horizontal durchschneiden. Einen Tortenboden wieder in die Form legen. Die Punschmasse gleichmäßig darauf verteilen und den zweiten Tortenboden drauflegen. Torte 30 Minuten durchziehen lassen.

Anschließend die Torte aus der Form nehmen und mit der Punschglasur überziehen. Schokolade schmelzen, in einen Spritzbeutel mit kleiner Lochtülle füllen und die Tortenoberfläche damit verzieren. Waffelröllchen am Tortenrand anbringen und ein Geschenkband locker darumbinden, um die Röllchen zu befestigen.

Lavendel-Macarons

die Provence in deiner Küche

ZEITAUFWAND  SCHWIERIGKEIT  ERGIBT CA. 30 MACARONS

Teig

200 g Puderzucker
110 g gemahlene Mandeln
90 g Eiweiß
30 g feiner Zucker
Lebensmittelfarbe in Violett
 (als Pulver)

Füllung

100 g weiße Schokolade
50 g Sahne
1 TL getrocknete Lavendelblüten

Ein Backblech mit Backpapier belegen. Puderzucker und Mandeln in eine Schüssel sieben. Das Eiweiß steif schlagen, währenddessen nach und nach Zucker und Lebensmittelfarbe einrieseln lassen – der Eischnee muss sehr fest sein. Die Mandel-Zucker-Mischung auf den Eischnee geben und gründlich, aber nicht zu kräftig unterheben.

Die Masse in einen Spritzbeutel füllen und ca. 3 cm große Kreise mit reichlich Abstand zueinander auf das Backblech spritzen. Die Mandelbaiserhäufchen ca. 20 Minuten bei Zimmertemperatur ruhen lassen. Währenddessen den Backofen auf 160 °C vorheizen.

Die Macarons ca. 15 Minuten backen. Inzwischen für die Füllung die Schokolade hacken. Die Sahne mit den Lavendelblüten aufkochen und die Schokolade in der Lavendelsahne schmelzen lassen. Die Schokoladen-Lavendelsahne vollständig abkühlen lassen, dabei wird sie cremig-fest.

Die kalte Creme in einen Spritzbeutel füllen und auf die Hälfte der flachen Unterseiten der Macarons spritzen. Die übrigen Macaronhälften daraufsetzen.

Zweistöckige Himbeer-Nugat-Torte

für besondere Anlässe

ZEITAUFWAND    SCHWIERIGKEIT

Zutaten

Große Tortenböden
300 g Butter
300 g Nuss-Nugat-Creme
460 g Zucker
6 Eier
320 g Mehl
1 TL Backpulver
70 g Kakaopulver

Kleine Tortenböden
220 g Butter
220 g Nuss-Nugat-Creme
350 g Zucker
4 Eier
250 g Mehl
1 TL Backpulver
50 g Kakaopulver

Himbeercreme
200 g Himbeeren
8 Eiweiß
400 g Zucker
500 g Butter

Glasur und Garnitur
100 g Schokolade
Himbeeren, Minze
Schokotröpfchen

Außerdem
1 Springform (ca. 30 cm Ø)
1 Springform (ca. 20 cm Ø)

Den Backofen auf 180 °C vorheizen. Die Formen mit Backpapier auskleiden. Erst die großen Tortenböden zubereiten. Dafür Butter mit der Nuss-Nugat-Creme in einem Topf bei schwacher Hitze erwärmen, bis sie geschmolzen ist. Zucker und Eier cremig schlagen. Mehl, Backpulver und Kakaopulver auf die Eiercreme sieben. Die Buttermischung unter Rühren dazugießen und so lange weiterrühren, bis ein weicher Teig entstanden ist.

Ein Viertel des Teigs in die große Springform füllen und ca. 30 Minuten backen. Den Tortenboden samt Backpapier aus der Form lösen (Papier abziehen), die Form erneut mit Backpapier auskleiden und einen weiteren Tortenboden aus einem zweiten Teigviertel backen. Anschließend aus dem restlichen Teig zwei weitere Tortenböden wie beschrieben backen.

Den Teig für die kleinen Tortenböden genauso wie für die großen zubereiten. Daraus in der kleinen Form ebenfalls vier Tortenböden in jeweils ca. 20 Minuten backen.

Für die Himbeercreme die Himbeeren pürieren. In einem kleinen Topf etwas Wasser zum Kochen bringen, Hitze reduzieren. Die Eiweiße in eine große Schüssel geben. Die Schüssel auf den Topf setzen und die Eiweiße mit dem Zucker über dem heißen Wasserbad in ca. 10 Minuten steif schlagen. Dabei nach und nach Butter hinzufügen und unter Rühren schmelzen lassen.

Das Himbeerpüree durch ein Sieb in die Schüssel zur Baisermasse streichen und gut unterrühren. Die Himbeercreme ca. 1 Stunde kühl stellen. Alle Tortenböden mit ca. der Hälfte der Creme bestreichen und aufeinandersetzen. Die Torte rundherum mit der restlichen Creme bestreichen und kühl stellen.

Für die Glasur die Schokolade grob hacken und im Wasserbad schmelzen. Abkühlen lassen, bis die Masse zähflüssig ist. Behutsam über die Torte gießen. Mit Himbeeren, Minze, Schokotröpfchen und eventuell mit Blüten garnieren.

Valentinstags-Cupcakes

mit Erdbeerlikör

Zutaten

Teig
3 Eier
150 g Zucker
120 g Butter
1 Prise Salz
100 ml Milch
150 g Mehl
50 g Kakaopulver

Creme
100 g Sahne
100 ml XUXU (Erdbeerlikör)
1 Päckchen Erdbeer-
   cremepulver (70 g)
Puderzucker zum Bestreuen

Außerdem
12 Papierförmchen
12er-Muffinblech
1 Herz-Ausstechform

Den Backofen auf 180 °C vorheizen. Papierförmchen in die Mulden des Muffinblechs setzen. Für den Teig Eier mit Zucker, Butter und Salz schaumig schlagen. Nach und nach Milch dazugeben. Mehl und Kakaopulver auf die Eiercreme sieben und untermischen. Die Masse gleichmäßig auf die Förmchen verteilen und ca. 15 Minuten backen. Das Blech aus dem Ofen nehmen und die Muffins abkühlen lassen.

Für die Creme Sahne und Likör in eine große Schüssel geben. Das Cremepulver einrieseln lassen und so lange rühren, bis die Masse fest genug ist, dass sie nicht mehr vom Schneebesen tropft.

Von den Muffins die „Köpfe" als Deckel abschneiden. Mit dem Ausstecher aus jedem Deckel ein Herz stechen (die ausgestochenen Herzchen dürfen gleich gegessen werden). Die Herz-Deckel mit Puderzucker bestreuen. Auf jedes Küchlein einen großen Klecks Creme geben und die Herz-Deckel daraufsetzen.

Rosa Ombré-Torte

mit Marshmallow Frosting & Sekt

ZEITAUFWAND    SCHWIERIGKEIT

Zutaten

Den Backofen auf 190 °C vorheizen. Die Springform ausfetten. Für den Teig Butter mit Vanillezucker, Salz und Zucker in 3 Minuten cremig schlagen. Nach und nach die Eier darunterschlagen. Mehl und Backpulver auf die Butter-Eier-Creme sieben und untermischen, dabei den Sekt hinzufügen.

Den Teig gleichmäßig auf fünf kleine Schüsseln verteilen. Den Inhalt einer Schüssel in die Form füllen und ca. 12 Minuten backen. Die Form aus dem Ofen nehmen, den Tortenboden herauslösen und auf einem Kuchengitter abkühlen lassen.

Die zweite Teigportion mit 1 Tropfen Lebensmittelfarbe, die dritte mit 2 Tropfen, die vierte mit 3 Tropfen und die fünfte mit 4 Tropfen einfärben. Die gefärbten Teigportionen wie beschrieben backen und die Tortenböden abkühlen lassen.

Jeden Tortenboden mit Konfitüre bestreichen und alle Böden zu einer Torte zusammensetzen. Für die Baisermasse Eiweiße mit Zucker in ca. 8 Minuten sehr steif schlagen.

Die ganze Torte mit der Masse bestreichen und auf der oberen Fläche mithilfe einer Gabel Spitzen modellieren. Mit dem Crème-brûlée-Brenner anflämmen.

Teig

250 g Butter
1 Päckchen Vanillezucker
1 Prise Salz
200 g Zucker
4 Eier
300 g Mehl
1 TL Backpulver
150 ml Sekt
Lebensmittelfarbe in Pink
5 EL Erdbeerkonfitüre

Baisermasse

5 Eiweiß
200 g Zucker

Außerdem

1 Springform (ca. 20 cm Ø)
1 Crème-brûlée-Brenner

Summer Stories

Was gibt es an heißen Sommertagen Schöneres als erfrischende Eiscremes oder fruchtige Torten und Cupcakes mit tropischen Aromen? Selbst an grauen Tagen sorgen diese süßen Leckerbissen für ein sommerliches Gefühl.

Brombeer-Orangen-Popsicles

fruchtige Abkühlung

Zutaten

400 g Brombeeren
100 g Puderzucker
abgeriebene Schale von
  1 Bio-Orange
350 g Sahne
50 ml Orangensaft

Außerdem

12 Popsicle-Formen

Die Brombeeren mit Puderzucker und Orangenschale in einem Topf unter Rühren erhitzen und 3 Minuten köcheln lassen. 150 g Sahne und den Orangensaft unter die Beerenmischung rühren. Topf vom Herd nehmen und die Masse kurz abkühlen lassen. Anschließend die Masse durch ein Sieb in eine Schüssel streichen und ca. 30 Minuten lang kühl stellen.

Die restliche Sahne cremig schlagen und unter die Brombeermasse heben. Die Popsicle-Formen heiß auswaschen und die Masse hineinfüllen. Am besten über Nacht gefrieren lassen. Damit sich das fertige Eis schlussendlich schön aus den Formen lösen lässt, diese zuvor kurz antauen lassen.

Kokostorte
mit weißer Schokolade

wie unter Palmen

Zutaten

Teig

250 g Butter
5 Eier
500 g Zucker
50 ml Kokosrum
80 ml Milch
300 g Mehl
100 g Kokosraspel
½ Päckchen Backpulver

Creme und Garnitur

500 g Sahne
220 ml Kokosmilch
3 Päckchen weißes
  Schokoladencremepulver
200 g weiße Schokolade
100 g Kokosflocken

Außerdem

1 Springform (20 cm Ø)

ZEITAUFWAND    SCHWIERIGKEIT

Den Backofen auf 190 °C vorheizen. Die Springform ausfetten. Für den Teig Butter zerlassen und etwas abkühlen lassen. Eier und Zucker mit den Quirlen des Handrührgeräts zu einer dicken Creme schlagen. Die flüssige Butter, den Kokosrum und die Milch hinzufügen und unterrühren. Mehl, Kokosraspel und Backpulver auf die Eier-Butter-Creme sieben und alles gut vermengen. Die Masse in die Springform füllen und ca. 50 Minuten backen. Die Form aus dem Ofen nehmen, den Kuchen in der Form abkühlen lassen, dann erst herausnehmen und horizontal dritteln.

Für die Creme Sahne und Kokosmilch in eine große Schüssel geben und das weiße Schokoladencremepulver einrühren. So lange von Hand rühren, bis die Masse nicht mehr vom Schneebesen tropft. Mit dieser Creme die drei Tortenböden bestreichen und anschließend wieder zusammensetzen. Die ganze Torte rundherum mit der restlichen Creme bestreichen und ca. 1 Stunde kühl stellen.

Die Schokolade schmelzen, kurz abkühlen lassen und langsam über die erkaltete Torte gießen. Mit Kokosflocken bestreuen und eventuell mit Blüten garnieren.

Johannisbeer-Cupcakes

mit leckerer Milchcreme

Zutaten

Teig

3 Eier
150 g Zucker
120 g Butter
1 Prise Salz
100 ml Milch
150 g Mehl
1 TL Backpulver
50 g Kakaopulver
ca. 200 g Johannisbeeren

Topping und Garnitur

15 Kuchenschnitten
 mit Milchcremefüllung
1 Handvoll Johannisbeeren

Außerdem

12 Papierförmchen
12er-Muffinblech

ZEITAUFWAND ⏱⏱⏱⏱⏱   SCHWIERIGKEIT ◐◐◐◐◐   ERGIBT 12 CUPCAKES

Den Backofen auf 180 °C vorheizen. Papierförmchen in die Mulden des Muffinblechs setzen. Für den Teig Eier mit Zucker, Butter und Salz schaumig schlagen. Nach und nach Milch hinzugeben. Mehl, Backpulver und Kakaopulver darübersieben und untermischen.

Die Johannisbeeren von den Rispen streifen und unter den Teig heben. Die Masse gleichmäßig auf die Förmchen verteilen und ca. 15 Minuten backen. Das Blech aus dem Ofen nehmen und die Muffins abkühlen lassen.

Jetzt wird's ein bisschen matschig: Die Schnitten auseinandernehmen und die Creme abkratzen. Dafür sollten die Schnitten zimmerwarm sein. Die Creme in einen Spritzbeutel füllen und auf die Muffins spritzen. Mit Johannisbeeren garnieren.

Caipirinha-Sorbet

mehr Sommer geht nicht

ZEITAUFWAND    SCHWIERIGKEIT    ERGIBT CA. 4 PORTIONEN

Die Schale von 2 Limetten abreiben. Alle Limetten auspressen. 600 ml Wasser mit dem Rohrohrzucker und der Limettenschale erhitzen und aufkochen lassen. Vom Herd nehmen, sobald sich der Zucker aufgelöst hat, dann Limettensaft und Cachaça hineinrühren.

Das Eiweiß steif schlagen und den Eischnee vorsichtig unter die Zuckersirupmischung rühren. Das Ganze im Kühlschrank 30 Minuten durchkühlen lassen. Herausnehmen, durchrühren, in eine flache Metallschüssel umfüllen und diese in den Gefrierschrank stellen. Die gefrierende Masse alle 30 Minuten mit einer Gabel durchrühren (immer vom Rand zur Mitte hin), bis die Masse gefroren ist. Nach Lust und Laune garnieren.

Zutaten

8 Bio-Limetten
320 g Rohrohrzucker
8 cl Cachaça
(Zuckerrohrschnaps)
1 Eiweiß

Frozen-Fruchtzwerg-Torte

Fruchtzwergeis in seiner hübschsten Form

Zutaten

100 g Butterkekse
100 g Butter
800 g Danone Fruchtzwerge
frische Beeren

Außerdem
Springform (ca. 20 cm Ø)

ZEITAUFWAND    SCHWIERIGKEIT

Die Butterkekse zerbröseln und die Brösel mit der Butter verkneten. Mit der Krümelmasse den gesamten Boden der Springform bedecken. Die Fruchtzwerge in einer Schüssel verrühren und die Mischung auf dem Krümelboden verteilen.

Die Torte mit Beeren garnieren und über Nacht in den Gefrierschrank stellen. Zum Servieren die Torte mit einem heiß abgewaschenen Messer vom Springformrand trennen. Kurz antauen lassen, bis sie mühelos angeschnitten werden kann.

Piña-Colada-Cupcakes

Hol' die Karibik zu dir nach Hause!

Zutaten

Teig
160 g abgetropfte Ananaswürfel
50 ml aufgefangener Ananassaft
1 Schuss weißer Rum
50 g Kokosraspel
230 g Mehl
2 TL Backpulver
1 Prise Salz
2 Eier
130 g Zucker
120 g Butter
180 g Naturjoghurt

Topping
200 g Doppelrahmfrischkäse
180 g Puderzucker
30 ml aufgefangener Ananassaft

Außerdem
12 Papierförmchen
12er-Muffinblech

Den Backofen auf 180 °C vorheizen. Papierförmchen in die Mulden des Muffinblechs setzen. Für den Teig die Ananaswürfel mit 50 ml Ananassaft und dem Rum in einer Schüssel mischen. In einer weiteren Schüssel Kokosraspel, Mehl, Backpulver und Salz vermengen.

In einer dritten Schüssel Eier mit Zucker und Butter schaumig schlagen. Den Joghurt unterrühren, dann die Mehlmischung auf die Eier-Joghurt-Creme sieben. Die marinierten Ananaswürfel vorsichtig unter den Teig heben. Den Teig gleichmäßig auf die Förmchen verteilen und ca. 20 Minuten backen. Das Blech aus dem Ofen nehmen und die Muffins abkühlen lassen.

Für das Topping den Frischkäse luftig aufschlagen, Puderzucker darübersieben, Ananassaft hinzufügen und alles cremig verrühren. Die Frischkäsecreme in einen Spritzbeutel füllen und auf die Muffins spritzen.

Mein Lieblingscocktail ist ja Bloody Mary – aber ihr hättet bestimmt keine Freude an Tomaten-Tabasco-Pfeffer-Cupcakes :-)

Cookies-&-Cream-Himbeer-Popsicles

beeriger Eisgenuss

Zutaten

1 Zitrone
400 g Himbeeren
100 g Puderzucker
400 g Sahne
60 g Kakaokekse

Außerdem

8 Popsicle-Formen

Die Zitrone auspressen. Himbeeren mit Zitronensaft und Puderzucker in einem Topf unter Rühren erhitzen. 3 Minuten köcheln lassen, dann 150 g Sahne unterrühren. Vom Herd nehmen und kurz abkühlen lassen. Anschließend die Masse durch ein Sieb in eine Schüssel streichen und ca. 30 Minuten kühl stellen.

Die restliche Sahne (250 g) halbsteif schlagen. Die Kekse mit einer Gabel in Stückchen teilen und mit der abgekühlten Himbeermasse vermischen. Die geschlagene Sahne behutsam unter die Beeren-Keks-Masse heben.

Die Formen heiß auswaschen. Die Masse hineinfüllen und am besten über Nacht gefrieren lassen. Damit sich das fertige Eis schlussendlich schön aus den Formen lösen lässt, diese zuvor kurz antauen lassen.

Crema Catalana

Leckeres aus Katalonien

Zutaten

2 EL Speisestärke
500 ml Milch
½ TL Zimt
4 Eigelb
130 g Zucker
abgeriebene Schale von
  1 Bio-Zitrone
abgeriebene Schale von
  1 Bio-Orange

Außerdem

4 flache Porzellanschälchen
  (z. B. Crème-brûlée-Förmchen)
4 EL Zucker
Crème-brûlée-Brenner

Speisestärke in einer Tasse mit 5 EL Milch anrühren. Die restliche Milch in einem Topf erhitzen, Zimt hinzugeben und die Milch aufkochen lassen. Topf vom Herd nehmen.

Eigelbe mit Zucker in einen zweiten Topf geben und in ca. 3 Minuten mit dem Schneebesen schaumig schlagen. Nun die heiße Zimt-Milch dazugießen und die Zitrusfruchtschalen sowie die aufgelöste Speisestärke unterrühren.

Den Topf auf den Herd stellen und die Eiercreme unter ständigem Rühren erhitzen, aber nicht aufkochen lassen. Die Masse etwas puddingartig werden lassen und in die Förmchen füllen. Kurz bei Zimmertemperatur abkühlen lassen, danach für ca. 2 Stunden in den Kühlschrank stellen.

Vor dem Servieren die Crema Catalana mit je 1 EL Zucker bestreuen und diesen mit dem Crème-brûlée-Brenner schön goldbraun karamellisieren. Alternativ kann man die Förmchen in den 250 °C heißen Ofen (oberste Schiene) stellen und den Zucker in ca. 3 Minuten karamellisieren lassen.

Achtung

Bitte nicht mit Crème brûlée verwechseln – die wird mit Vanille gewürzt und mit Sahne zubereitet.

Rosmarin-Zitronen-Gugelhupf

extravagant und erfrischend

ZEITAUFWAND    SCHWIERIGKEIT

Den Backofen auf 180 °C vorheizen und die Gugelhupfform ausfetten. Die Schale von der Zitrone abreiben und den Saft auspressen. Eier mit Butter, Zucker und Salz schaumig schlagen. Backpulver, Vanillezucker, Zitronenschale, Zitronensaft und Mehl dazugeben und alles zu einem glatten Teig verrühren, dabei die Milch dazugießen und den Rosmarin hinzufügen.

Den Teig in die Form füllen und ca. 50 Minuten backen. Die Form aus dem Ofen nehmen, den Gugelhupf kurz darin abkühlen lassen, dann aus der Form stürzen und ganz auskühlen lassen.

Für die Glasur den Puderzucker in eine Schüssel sieben. Mit dem Zitronensaft und ca. 2 EL Wasser glatt rühren. Die Zitronenglasur über den Gugelhupf gießen und herunterfließen lassen. Mit Rosmarinzweigen und eventuell mit Blütengarnieren.

Zutaten

Teig
1 Bio-Zitrone
4 Eier
250 g Butter
300 g Zucker
1 Prise Salz
1 ½ TL Backpulver
1 Päckchen. Vanillezucker
350 g Mehl
200 ml Milch
2 TL Rosmarinnadeln, gehackt

Glasur und Garnitur
200 g Puderzucker
2 EL Zitronensaft
Rosmarinzweige

Außerdem
1 Gugelhupfform (24 cm Ø)

Gin-Lemon-Popsicles

Longdrink zum Lutschen

Zutaten

1 Bio-Zitrone
6 cl Gin
350 ml Bitter Lemon
40 ml Zitronensaft
evtl. Lebensmittelfarbe in Blau
  (nach Wunsch)

Außerdem

ca. 6 Popsicle-Formen

ZEITAUFWAND    SCHWIERIGKEIT    ERGIBT CA. 6 POPSICLES

Die Zitrone in Scheiben schneiden. Gin mit Bitter Lemon und Zitronensaft vermischen. Nach Wunsch die Flüssigkeit mit blauer Lebensmittelfarbe einfärben. Je 1 Zitronenscheibe in eine Popsicle-Form geben. Die Formen mit der Gin-Bitter-Lemon-Mischung füllen und ab in den Gefrierschrank damit!

Achtung

Keinesfalls mehr Gin verwenden als angegeben! Sonst kann es passieren, dass die Popsicles nicht gefrieren.

Kokos-Schokoladentorte

außen hell, innen dunkel

Zutaten

Teig
4 Eier
450 g Zucker
150 g zerlassene Butter
200 ml Kokosmilch
100 g Kokosraspel
300 g Mehl
1 EL Backpulver
100 g Kakaopulver

Creme
50 g Zucker
6 Eiweiß
450 g kalte Butter (gewürfelt)
150 g Puderzucker
4 cl Kokosrum
ca. 25 Kokos-Pralinen

Garnitur
200 g weiße Schokolade
Kokoschips
geschälte Mandeln

Außerdem
1 Springform (ca. 20 cm Ø)

ZEITAUFWAND ⦿⦿⦿⦿⦿   SCHWIERIGKEIT ⦿⦿⦿⦿⦿

Den Backofen auf 190 °C vorheizen. Die Springform ausfetten. Eier mit Zucker cremig schlagen. Zerlassene Butter, dann Kokosmilch und Kokosraspel unterrühren. Mehl, Backpulver und Kakaopulver auf die Mischung sieben und alles zu einer glatten Masse verrühren.

Ein Drittel der Masse in die Form füllen und ca. 25 Minuten backen. Form aus dem Ofen nehmen, Tortenboden herauslösen und abkühlen lassen. Aus dem restlichen Teig wie beschrieben zwei weitere Tortenböden backen und ebenfalls abkühlen lassen.

Für die Creme aus Zucker und 150 ml Wasser in 5–10 Minuten einen Sirup kochen. Eiweiße in einer großen Schüssel steif schlagen. Zuckersirup unter Rühren dazugeben. Nach und nach die Butterwürfel untermischen, dann den Puderzucker auf die Masse sieben und unterrühren. Es entsteht eine ziemlich bröckelige Masse, doch das ist ganz normal – einfach ca. 15 Minuten weiterschlagen – mit der Zeit wird sich alles perfekt miteinander verbinden. Zum Schluss den Kokosrum unterrühren. Die Masse bei Zimmertemperatur stehen lassen.

Die Pralinen pürieren. 4 EL Creme unter das Püree rühren. Zwei Tortenböden mit dieser Masse bestreichen und alle drei Böden aufeinandersetzen. Die Torte oben mit einer dünnen Schicht Buttercreme bestreichen und ca. 1 Stunde kühl stellen. Die Creme nicht in den Kühlschrank stellen.

Die gekühlte Torte mit der restlichen Creme umhüllen. Nochmals ca. 20 Minuten kühl stellen. Währenddessen die Schokolade schmelzen und nach der Kühlzeit über die Torte gießen. Mit Kokoschips, Mandeln und eventuell mit Blüten verzieren.

Sunday Stories

Aromatische, stilvolle und hübsche Backwerke, mit denen du deine zuckerhungrigen Gäste bei einem ausgiebigen Kaffeekränzchen oder einer gemütlichen Tea Time an einem Sonntagnachmittag so richtig verwöhnen kannst.

stone washed
pure linen.

Lotus Biscoff Cupcakes

für alle Karamellkeks-Fans

Zutaten

Teig

120 g Butter
3 Eier
140 g Zucker
180 g Mehl
1 Prise Salz
etwas gemahlene Vanille
1 TL Backpulver
60 ml Milch

Topping und Garnitur

1 Glas Lotus-Biscoff-
   Brotaufstrich (400 g)
150 g Quark
150 g Sahne
Lotus-Biscoff-Kekse
   (Karamellkekse)

Außerdem

12 Papierförmchen
12er-Muffinblech

Den Backofen auf 200 °C vorheizen. Papierförmchen in die Mulden des Muffinblechs setzen. Für den Teig die Butter schmelzen und kurz abkühlen lassen. Die Eier mit dem Zucker cremig schlagen und die flüssige Butter unterrühren. Salz und gemahlene Vanille hinzufügen.

Mehl und Backpulver auf die Eier-Butter-Creme sieben und alles zu einer geschmeidigen Masse verrühren, dabei nach und nach die Milch dazugeben. Die Masse in die Förmchen füllen und ca. 25 Minuten backen. Aus dem Ofen nehmen und die Muffins abkühlen lassen.

Für das Topping den Brotaufstrich in eine Schüssel geben und mit dem Quark verrühren. Sahne steif schlagen und unterheben. Die Masse in einen Spritzbeutel füllen und auf die Muffins spritzen. Mit (vom Naschen während des Backens übrig gebliebenen) Keksen und eventuell mit Blüten verzieren.

Tipp

Die größten Biscoff-Fans krönen die Cupcakes mit dem puren Brotaufstrich – dann gleich 2 Gläser kaufen :-)

Amarettini-Lemon-Curd-Pie

britisch-italienischer One-Bite-Stand

Zutaten

Teig

120 g Butter
50 g Zucker
1 Ei
180 g Mehl
30 g gemahlene Mandeln

Füllung

3 Bio-Zitronen
4 cl Amaretto
3 Eier
280 g Zucker
2 Handvoll Amarettini
60 g kalte Butter
4 Eiweiß

Außerdem

1 Pieform (24 cm Ø)
Backbohnen oder Hülsenfrüchte
   zum Blindbacken

ZEITAUFWAND    SCHWIERIGKEIT

Für den Teig Butter mit Zucker cremig schlagen. Ei unterrühren, Mehl und Mandeln darübersieben und alles zu einem glatten Teig verarbeiten. Teig zur Kugel formen, in Frischhaltefolie wickeln und ca. 30 Minuten im Kühlschrank ruhen lassen.

Form ausfetten. Teig ca. 3 mm dick ausrollen und die Form damit auskleiden. Teigboden mit einer Gabel mehrfach einstechen und die Form ca. 20 Minuten kühl stellen. Den Backofen auf 200 °C vorheizen. Teigboden mit Backpapier belegen, mit Backbohnen oder Hülsenfrüchten beschweren und 20–25 Minuten backen.

Für die Füllung Zitronen abreiben und auspressen. Zitronensaft mit Amaretto, Eiern und 150 g Zucker in einer Schüssel verrühren. Alles über einem heißen Wasserbad in ca. 10 Minuten mit den Quirlen des Handrührgeräts zu einer dicken Masse schlagen. Diese durch ein Sieb in eine andere Schüssel streichen. Butter in Würfeln unterrühren, bis sie geschmolzen ist. Zitronenschale untermischen.

Backpapier und Backbohnen vom Pieboden entfernen. Lemon Curd gleichmäßig darauf verteilen. Die Ofentemperatur auf 180 °C reduzieren und dann die Pie nochmals ca. 10 Minuten backen.

Eiweiße sehr steif schlagen, dabei den restlichen Zucker (130 g) einrieseln lassen. Amarettini fein zerbröseln. Pie aus dem Ofen nehmen. Brösel sofort auf die Zitronenbutter streuen, darauf den Eischnee geben und mit einer Gabel Spitzen modellieren. Die Pie noch ca. 10 Minuten backen, bis die Baisermasse schön gebräunt ist.

Tipp

Lemon Curd gibt's auch fertig zu kaufen. Einfach mit Amaretto verrühren und statt der selbst gemachten Zitronenbutter auf den Pieboden geben.

Espresso-Nugat-Cupcakes
verführerische Wachmacher

ZEITAUFWAND  SCHWIERIGKEIT ●●●○○ ERGIBT 12 CUPCAKES

Den Backofen auf 180 °C vorheizen. Papierförmchen in die Mulden des Muffinblechs setzen. Für den Teig Butter schmelzen und kurz abkühlen lassen. Eier mit Zucker und Salz cremig schlagen, die flüssige Butter hinzufügen und unterrühren. Mehl, Kakaopulver und Backpulver auf die Eier-Butter-Creme sieben und unterheben. Nach und nach den Espresso dazugeben und alles zu einer glatten Masse verrühren.

Die Masse auf die Förmchen verteilen und ca. 25 Minuten backen. Das Blech aus dem Ofen nehmen und die Muffins abkühlen lassen. Die Nuss-Nugat-Creme in einen Spritzbeutel füllen und auf die Muffins spritzen.

Die Cupcakes kühl stellen und währenddessen die Schokolade schmelzen. Dann die geschmolzene Schokolade vorsichtig über das Topping gießen. Mit je 1 Haselnusskugel garnieren.

Zutaten

Teig
70 g Butter
2 Eier
180 g Zucker
1 Prise Salz
180 g Mehl
50 g Kakaopulver
1 TL Backpulver
120 ml kalter Espresso

Topping und Garnitur
ca. 400 g Nuss-Nugat-Creme
(Menge nach Geschmack)
100 g Zartbitterschokolade
12 Haselnusskugeln

Außerdem
12 Papierförmchen
12er-Muffinblech

Salted-Caramel-Popcorn-Torte

überraschend anders

Zutaten

Salted Caramel
200 g Zucker
6 EL Butter
120 g Sahne
1 TL Salz

Teig
250 g Zucker
250 ml geschmacksneutrales Öl
250 g Sahne
4 Eier
300 g Mehl
40 g Kakaopulver

Creme und Garnitur
500 g Mascarpone
3 Handvoll Popcorn
Salted Caramel (s. o.)

Außerdem
1 Springform (ca. 20 cm Ø)

ZEITAUFWAND    SCHWIERIGKEIT

Für das Salted Caramel den Zucker in einem kleinen Topf bei schwacher Hitze unter ständigem Rühren erhitzen. Sobald er geschmolzen ist, sofort die Butter hinzufügen und ca. 3 Minuten weiterrühren. Dann die Sahne einrühren (Achtung: es spritzt!) und den Karamell ca. 1 Minute köcheln lassen. Vom Herd nehmen, das Salz einrühren und die Karamellsauce abkühlen lassen.

Den Backofen auf 180 °C vorheizen. Die Springform ausfetten. Für den Teig den Zucker mit Öl, Sahne und Eiern schaumig schlagen. Mehl und Kakaopulver daraufsieben und unterheben. Den Teig in die Form füllen und ca. 35 Minuten backen. Aus dem Ofen nehmen und den Kuchen abkühlen lassen.

Mascarpone mit den Quirlen des Handrührgeräts cremig rühren. Nach und nach unter Rühren etwa ein Drittel der Karamellsauce hinzufügen. Die Torte komplett mit der Karamell-Mascarpone-Creme bestreichen. Popcorn mit ca. 5 EL Karamellsauce vermischen. Die Torte mit der restlichen Karamellsauce begießen und mit dem Karamell-Popcorn garnieren.

Rosen-Cupcakes mit Amaretto

aromatisch-romantisch

Zutaten

Teig
80 g Butter
2 Eier
100 g Zucker
1 Prise Salz
150 ml Milch
150 g Mehl
50 g Kakaopulver
1 TL Backpulver

Topping
250 g Sahne
30 ml Amaretto
1 Päckchen Vanille-
   cremepulver (60 g)
Lebensmittelfarbe in Rot

Außerdem
12 Papierförmchen
12er-Muffinblech

Den Backofen auf 200 °C vorheizen. Papierförmchen in die Mulden des Muffinblechs setzen. Für den Teig Butter mit Eiern, Zucker, Salz und Milch cremig schlagen. Nach und nach Mehl, Kakaopulver und Backpulver auf die Creme sieben und alles zu einer glatten Masse verrühren.

Die Förmchen mit der Masse füllen und ca. 15 Minuten backen. Das Blech aus dem Ofen nehmen und die Muffins auskühlen lassen.

Für das Topping Sahne und Amaretto in eine große Schüssel geben. Das Vanillecremepulver einrieseln lassen und von Hand so lange rühren, bis die Mischung nicht mehr vom Schneebesen tropft. Die Lebensmittelfarbe hinzufügen und grob unterrühren – das Topping soll nur marmorartig gefärbt sein.

Das Topping in einen Spritzbeutel füllen und kreisförmig von innen nach außen auf die Muffins spritzen. So entstehen hübsche Rosenblüten und der tolle Farbeffekt kommt ganz von selbst.

Ovomaltine-Torte
mit Whisky-Sahne-Likör

Zutaten

Teig
180 g Butter
300 g Mehl
600 g Zucker
200 g Ovomaltine Pulver
1 TL Backpulver
3 Eier
360 ml Buttermilch
360 ml heißer starker Kaffee
1 Prise Salz

Creme und Garnitur
500 g Sahne
250 ml Whisky-Sahne-Likör
3 Päckchen Karamell-
    cremepulver (je 65 g)
200 g Zartbitterschokolade
Haselnusskrokant
Schokokugeln mit Malzfüllung

Außerdem
1 Springform (ca. 20 cm Ø)

Den Backofen auf 200 °C vorheizen. Die Springform ausfetten. Für den Teig die Butter zerlassen. Mehl, Zucker, Ovomaltine Pulver und Backpulver in einer großen Schüssel mischen. Eier mit Buttermilch, Kaffee, flüssiger Butter und Salz in einer weiteren Schüssel mit einer Gabel verschlagen. Die flüssige Mischung zu den trockenen Zutaten gießen, dabei alles mit den Quirlen des Handrührgeräts bei mittlerer Geschwindigkeit 2 Minuten verrühren.

Ein Drittel der Masse in die Springform füllen und ca. 15 Minuten backen. Die Form aus dem Ofen nehmen, den Tortenboden herauslösen und auf einem Kuchengitter auskühlen lassen. Aus dem restlichen Teig wie beschrieben zwei weitere Tortenböden backen und ebenfalls auskühlen lassen.

Für die Füllung Sahne und Likör in eine große Schüssel geben und das Karamellcremepulver einrühren. So lange von Hand rühren, bis die Masse nicht mehr vom Schneebesen tropft. Die Tortenböden mit ca. der Hälfte der Creme bestreichen, aufeinandersetzen und die gesamte Torte mit der restlichen Creme umhüllen. Die Torte mindestens 1 Stunde kühl stellen. Dann die Schokolade schmelzen, kurz abkühlen lassen und langsam kreisförmig über die Torte gießen. Mit Haselnusskrokant, den Schokokugeln und eventuell mit Blüten garnieren.

vegan

Rhabarbermuffins
mit Mandeln & Minze

ZEITAUFWAND    SCHWIERIGKEIT    ERGIBT 12 MUFFINS

Den Backofen auf 180 °C vorheizen. Papierförmchen in die Mulden des Muffinblechs setzen. Rhabarber putzen, schälen und in kleine Stücke schneiden. Minzblätter abzupfen und fein zerkleinern.

Mehl, Backpulver, Salz, Vanillezucker und braunen Zucker in einer Schüssel miteinander vermischen. Dann Öl, Sojamilch und Essig hinzufügen und unterrühren. Die Rhabarberstückchen und die gehackte Minze unter die Masse mischen und die Masse auf die Förmchen verteilen. Die Teigportionen mit Mandelblättchen bestreuen und ca. 25 Minuten backen.

Zutaten

180 g Rhabarber
1 Handvoll Minze
180 g Mehl
1 TL Backpulver
1 Prise Salz
1 Päckchen Vanillezucker
90 g brauner Zucker
100 ml geschmacksneutrales Öl
150 ml Sojamilch
1 EL Branntweinessig
100 g Mandelblättchen

Außerdem

12 Papierförmchen
12er-Muffinblech

Tiramisu-Cupcakes

Bella Italia für deinen Gaumen

ZEITAUFWAND    SCHWIERIGKEIT    ERGIBT 12 CUPCAKES

Zutaten

Teig
70 g Butter
2 Eier
180 g Zucker
1 Prise Salz
180 g Mehl
50 g Kakaopulver
1 TL Backpulver
8 cl Kaffeelikör
4 cl Amaretto

Topping
180 g Sahne
200 g Mascarpone
50 g Puderzucker
2 EL Kakaopulver
12 Mokkabohnen

Außerdem
12 Papierförmchen
12er-Muffinblech

Den Backofen auf 180 °C vorheizen. Papierförmchen in die Mulden des Muffinblechs setzen. Für den Teig die Butter zerlassen und kurz abkühlen lassen. Zuerst die Eier mit Zucker und Salz cremig schlagen, dann die flüssige Butter unterrühren. Mehl, Kakaopulver und Backpulver auf die Mischung sieben und unterrühren. Nach und nach Kaffeelikör und Amaretto hinzufügen und alles zu einer glatten Masse verrühren.

Die Masse auf die Förmchen verteilen und ca. 25 Minuten backen. Das Blech aus dem Ofen nehmen und die Muffins abkühlen lassen.

Währenddessen für das Topping die Sahne steif schlagen. In einer weiteren Schüssel den Mascarpone mit dem Puderzucker cremig rühren, dann die geschlagene Sahne untermischen. Die Mascarpone-Sahne-Creme in einen Spritzbeutel füllen und auf die Muffins spritzen. Kakaopulver darübersieben und mit Mokkabohnen garnieren.

Banoffee-Torte
mit Rum & Erdnusscreme

Teig

180 g Butter
5 Eier
450 g Zucker
3 EL Honig
100 ml brauner Rum
100 g Sahne
300 g Mehl
180 g Kakaopulver
1 EL Backpulver

Creme und Garnitur

4 Bananen
3 EL Nuss-Nugat-Creme
Karamellsauce
ca. 700 g Erdnusscreme
150 g Zartbitterschokolade

Außerdem

1 Springform (ca. 20 cm Ø)

ZEITAUFWAND    SCHWIERIGKEIT

Den Backofen auf 180 °C vorheizen. Die Springform ausfetten. Butter zerlassen. Eier mit Zucker und Honig cremig schlagen. Zuerst die flüssige Butter, dann Rum und Sahne unterrühren. Mehl, Kakaopulver und Backpulver auf die Mischung sieben und alles zu einer glatten Masse verrühren.

Ein Viertel der Masse in die Form füllen und ca. 30 Minuten backen. Die Form aus dem Ofen nehmen, den Tortenboden herauslösen und abkühlen lassen. Aus der restlichen Masse drei weitere Tortenböden wie beschrieben backen und ebenfalls abkühlen lassen.

1 Banane in etwa 5 mm dicke Scheiben schneiden. Diese auf ein mit Backpapier belegtes Backblech geben und im 150 °C heißen Ofen in ca. 1 Stunde trocknen lassen. Währenddessen die restlichen 3 Bananen in dünne Scheiben schneiden.

Drei Tortenböden mit je 1 EL der Nuss-Nugat-Creme bestreichen und die Bananenscheiben darauf verteilen. Wenig Karamellsauce darüberträufeln und die Tortenböden aufeinandersetzen. Den unbelegten Boden obendrauf legen. Die Torte ringsherum mit ca. 350 g Erdnusscreme bestreichen, um die Lücken am Rand zwischen den Böden zu füllen. Dadurch entsteht eine glatte Oberfläche. Die Torte ca. 1 ½ Stunden kühl stellen.

Ca. 5 EL Erdnusscreme in einen Spritzbeutel mit Sterntülle füllen und beiseitelegen. Schokolade schmelzen. Die Torte mit der restlichen Erdnusscreme umhüllen und mit der Schokolade begießen. Ca. 20 Minuten kühl stellen, bis die Schokolade fest ist. Die Torte mit Erdnusscremerosetten, den getrockneten Bananenscheiben und Karamellsauce garnieren.

Tipp
Gleich mehrere Bananen in Scheiben schneiden und im Ofen trocknen, dann hast du Bananenchips auf Vorrat.

Whisky-Sahne-Cupcakes

der irische Cream-Dream

Zutaten

Teig

150 g Zartbitterschokolade
120 g Butter
4 Eier
220 g Zucker
1 Prise Salz
150 g Mehl

Topping und Garnitur

250 g Sahne
100 ml Whisky-Sahne-Likör
1 Päckchen Karamell-
   cremepulver (65 g)
Schokostreusel

Außerdem

12 Papierförmchen
12er-Muffinblech

ZEITAUFWAND    SCHWIERIGKEIT    ERGIBT 12 CUPCAKES

Den Backofen auf 180 °C vorheizen. Papierförmchen in die Mulden des Muffin-blechs setzen. Schokolade klein hacken. Butter erhitzen, Temperatur reduzieren und die Schokolade in der Butter schmelzen lassen.

Eier mit Zucker und Salz schaumig schlagen. Mehl darübersieben und gründlich unterheben. Die flüssige Schoko-Butter dazugeben und unterrühren. Teig in die Förmchen füllen und ca. 15 Minuten backen. Das Blech aus dem Ofen nehmen und die Muffins abkühlen lassen.

Inzwischen Sahne und Likör in eine große Schüssel geben und das Cremepulver hinzufügen. So lange von Hand rühren, bis die Masse nicht mehr vom Schneebesen tropft. In einen Spritzbeutel füllen und auf die Muffins spritzen. Mit Schokostreuseln und eventuell mit Blüten garnieren.

Apfelrosen-Tarte

eine Romanze zum Essen

ZEITAUFWAND   SCHWIERIGKEIT

Für den Teig Mehl, Puderzucker und Salz in eine Schüssel sieben. Die Butter einkneten. 6 EL kaltes Wasser und das Ei hinzufügen, dann alles zu einem glatten Teig verkneten. Den Teig zu einer Kugel formen, in Frischhaltefolie wickeln und ca. 30 Minuten im Kühlschrank ruhen lassen.

Den Backofen auf 200 °C vorheizen. Die Tarteform ausfetten. Teig ausrollen und die Form damit auskleiden. Den Teigboden mehrmals mit einer Gabel einstechen. Die Äpfel gründlich waschen (nicht schälen!) und auf dem Küchenhobel in feine Scheiben schneiden. Diese von außen nach innen wie Rosenblätter dicht an dicht in die Form geben. Mit Zitronensaft und Honig beträufeln. Die Tarte ca. 35 Minuten backen.

Zutaten

Teig
360 g Mehl
1 EL Puderzucker
1 Prise Salz
150 g kalte Butter (gewürfelt)
1 Ei

Belag
5 Äpfel (möglichst rotschalig)
6 EL Zitronensaft
6 EL Honig

Außerdem
1 Tarteform (22 cm Ø)

Erdnuss-Cupcakes

mit Snickers®

ZEITAUFWAND   SCHWIERIGKEIT    ERGIBT 12 CUPCAKES

Zutaten

Teig
120 g Butter
3 Eier
140 g Zucker
1 Prise Salz
120 g Mehl
90 g Kakaopulver
1 TL Backpulver
50 ml Milch
3 Snickers®-Riegel
1 Handvoll Erdnusskerne

Topping und Garnitur
1–2 Gläser Erdnusscreme
Erdnusskerne
Karamellsauce

Außerdem
12 Papierförmchen
12er-Muffinblech

Den Backofen auf 200 °C vorheizen. Die Papierförmchen in die Mulden des Muffin-blechs setzen. Butter schmelzen und kurz abkühlen lassen. Eier mit Zucker und Salz cremig schlagen, die flüssige Butter hinzufügen und unterrühren. Mehl, Kakaopulver und Backpulver auf die Eier-Butter-Mischung sieben und unterheben. Nach und nach die Milch dazugeben und alles zu einer geschmeidigen Masse verrühren.

Riegel in kleine Stücke schneiden und mit den Erdnusskernen unter die Masse rühren. Diese in die Förmchen füllen und ca. 25 Minuten backen. Das Blech aus dem Ofen nehmen und die Muffins abkühlen lassen.

Die Erdnusscreme in einen Spritzbeutel füllen und auf die abgekühlten Muffins spritzen. Die Cupcakes nach Lust und Laune mit Erdnusskernen und Karamellsauce garnieren.

Die Autorin

Michelle Thaler wurde 1991 geboren, lebt in Dornbirn (Österreich) und ist gelernte Grafik-Designerin. Seit 2013 kreiert und fotografiert sie Desserts, die sie auf ihrem Blog „Sugar Stories" präsentiert.

www.sugar-stories.com
f facebook.com/sugarstories.blog
🄾 instagram.com/sugar_stories

Service

Hilfestellungen zu allen Fragen zu unseren Büchern:
Erika Noll berät Sie unter
mail@kreativ-service.info
Telefon 0 50 52 / 91 18 58
(normale Telefongebühr)

Impressum

Rezepte und Text: Michelle Thaler
Fotos: Manuel Rusch Photography (S. 6/7, 144), Michelle Thaler (alle übrigen)
Layout, Satz und Covergestaltung: Michelle Thaler
Lektorat: Cornelia Klaeger
Produktmanagement: Christine Rauch
Druck und Bindung: Neografia, Slowakei

1. Auflage 2016

© 2016 frechverlag GmbH, Turbinenstraße 7, 70499 Stuttgart

ISBN: 978-3-7724-8013-3 • Best.-Nr. 8013